> 혼자 해도 쉽고 빠른

V6 ENGLISH
문법마스터편

ROY HWANG

FOX BOOKS

혼자 해도 쉽고 빠른

V6 ENGLISH - 문법마스터편

초 판 발 행	2013년 3월 8일
4 쇄 발 행	2020년 2월 4일
저 자	Roy Hwang
발 행 인	황관석
발 행 처	FOX BOOKS
등 록	제 2012-98호
주 소	서울시 관악구 남부순환로 1802, 1710호 (봉천동, 관악캠퍼스타워)
전 화	070-8263-7000 / FAX 02-6008-8887
홈 페 이 지	www.foxbooks.co.kr
이 메 일	fox@foxbooks.co.kr
그 림	Roy Hwang
디 자 인	다원기획 dawon6690@naver.com

ⓒ ROY HWANG, 2009-2020
ISBN 978-89-969787-0-1 13740

· 잘못된 책은 교환해 드립니다.
· 이 책은 저작권법에 의해 보호를 받는 저작물이므로 무단 전재와 복제를 금합니다.

혼자 해도 쉽고 빠른
V6 ENGLISH
문법마스터편

ROY HWANG

FOX BOOKS

이 책을 보시는 분들께...

영어가 필수인 때에 영어 때문에 고민하는 분들이 너무나 많은 것 같습니다. 영어는 세계 각국의 언어 중에서도 매우 쉬운 편에 속하는 언어인데도, 한국인에게는 매우 어려운 언어로 인식되고 있습니다. 그동안 만난 많은 학생들이 영어 공부를 하면서 어려움을 겪는 것을 보고, 무엇이 문제인가를 면밀히 분석해보았습니다.

여러 가지 어려움 중에서도 한국인은 세계 어느 나라의 언어보다도 어려운 고급 언어인 한국어를 사용하고 있다는 점이 풀어야 할 과제로 확인되었습니다. 이미 세세하고 다양한 표현을 하고 있는 고급 언어를 사용하고 있는 한국어 원어민들은 훨씬 단순화해서 말해야 하는 영어를 어려워한다는 것입니다.

한 가지 예를 들면, 우리말 표현 중에 '먹으려고, 먹기 위해, 먹다니, 먹어서, 먹을, 먹음, 먹기, 먹는 것' 등으로 표현되는 말들이 영어로는 'to eat'으로 간단히 표현하면 된다는 것입니다. 우리말로는 세세한 표현들이 영어로는 너무나 단순하게 표현되기 때문에 영어와 한국어 간의 차이가 크게 느껴지는 것뿐인데, 많은 분들이 그러한 차이를 이해하기도 전에 막연히 영어는 어렵다는 생각만으로 포기하거나 멀리하는 경우가 있습니다.

이 책에서는 영어와 한국어의 차이를 최대한 줄여서, 이미 한국어에 익숙할 만큼 익숙한 한국어 원어민들이 쉽게 이해할 수 있도록 구성하였습니다. 사춘기 이후에는 이미 모국어의 영향으로 어릴 때의 언어 습득방식이 방해를 받게 되므로, 사춘기 이후에는 높아진 이해력을 바탕으로 쉽게 이해하고 쉽게 적용해서 바로 사용해 볼 수 있도록 공부하는 방식이 훨씬 효과적이라는 연구결과를 본적 있습니다. 어떤 분야든 이해하고 익숙해지면 훨씬 속도가 빠른 법인데, 이해를 못한 상태에서는 끝을 알 수 없는 지루하고 머나먼 여정이 될 수밖에 없습니다. 이러한 여정에 지도를 주고 설명을 해주고, 지금 어디쯤 가고 있다는 정보를 주는 방식으로 친절히 안내한다면 영어 공부도 훨씬 쉬워집니다.

이 책은 영어와 어순이 달라서 고생하는 한국인에게 가장 적합하도록 구성하였으며,

어려운 문법 용어의 사용이 거의 없어서, 중학교 때 영어 성적이 매우 안 좋았다 하더라도, 중학교 이상의 학력이면 누구나 쉽게 영문법을 이해할 수 있도록 구성하였습니다. 각각의 과정마다 나오는 예문들도 새로운 표현보다는 한 번 배운 표현을 다르게 표현하는 방식으로 구성하여 학습자가 말하고 싶은 말들을 어떻게 변환하는 지를 충분히 연습할 수 있도록 배려하였습니다.

문법은 규칙이므로 가끔 나오는 예외 규칙들보다는, 언제나 변하지 않는 가장 흔하게 자주 사용하는 규칙을 확실히 알 수 있도록 하면, 단어만 알면 학습자가 스스로 활용하여 영어로 문장을 만들 수 있습니다. 그래서 이 책은 영어의 뼈대인 문법을 이해하고 개념을 정리하는 데에 최적의 교재라고 할 수 있습니다.

바쁜 일상 가운데 학원에 다니기 어려운 분들과 몇 년 동안 영어 공부를 하고도 문법을 어려워하시는 분들에게도 도움이 되고자 하여, 혼자서도 쉽게 영문법을 마스터할 수 있도록 상세한 설명을 넣었습니다. 영문법의 마스터라는 것이 모든 문법 문제를 해결한다는 뜻은 아닙니다. 영어로 의사소통을 하고 일상적인 영어 저작물들, 영자 신문, 영어 잡지, 영어로 제공되는 인터넷 홈페이지 등을 이용하는 데에 지장이 없는 단계로 이끌어 준다는 뜻입니다. 이 책은 여러분을 영어로써 세계인과 편안하게 의사소통할 수 있는 방법을 익힐 수 있도록 쉽고 빠르게 이끌어 줄 것이며, 일상회화부터 TOEIC, TOEFL, OPIc, reading, writing, speaking까지 어떤 분야든 영문법이 필요한 분들에게 충분한 기본기를 다질 수 있는 기회를 드릴 것입니다.

이 책을 읽은 독자들 중에는 독해에 도움이 되는 책을 문의하시는 분들이 많습니다. 영어 문장이 한눈에 들어오기 시작하고, 영어 문장을 읽으면 해석이 되기 시작하니까 이전에 영어를 멀리하셨던 분들도 영어가 쉬워져서 좀 더 활용해보고 싶으신 것 같습니다. 이러한 분들께 항상 도움이 되고자 하여 저자의 홈페이지와 email을 공개하였으니, 언제든지 망설이지 마시고 저자에게 문의하셔서 도움을 받아보시기 바랍니다.

Roy Hwang
www.V6English.com
roytalker@gmail.com

영문법을 공부하는 순서

Prologue

1. 문법 용어보다는 해석 방법이 더 중요하다 ········· 12
2. 뭉뚱그려 해석하니까 영어가 제자리다 ··········· 13
3. 영어를 잘하려면, 한국어의 도움을 받아라 ········ 16
4. 많이 쓰는 80%를 확실히 이해하라 ············· 19

Chapter 1

먼저 알아야 할 8가지 ········· **21**

1. **영어 문장의 구조** – 영어는 무조건 〈주어 + 동사 + 목적어〉이다 ········· **22**
2. **영 문장의 개념 잡기** – 상자와 상자들이 사진처럼 떠올라야 한다 ········· **26**
3. **관사** – 평범함과 특별함의 차이 ········· **29**
   ① 평범하게 만들어 주는 a/an
   ② 특별하게 만들어주는 the

4. **인칭대명사** – you의 소유격이 your라는 것은 중요하지 않다 ········· **33**
5. **Be동사** – 왜 문법 시간에는 Be동사와 일반동사를 구분해서 가르칠까? ··· **36**
   ① be동사의 뜻
   ② 일반동사의 뜻

6. **영어 어순의 이해** – 올바른 해석 방법만 알아도 영어가 머릿속에 자리 잡는다 ··· **40**
   ① 기본적으로 알아야 할 것들
   ② 5가지 해석 방법
   ③ 누구에게 무엇을 준다는 표현 –수여동사 〈~에게 …를〉
   ④ '무엇을 누구에게 준다'로 순서를 바꿀 수도 있다
   ⑤ '~도록'이라고 하면 쉬워진다.

7. **영어식 어순** – 어순에 익숙해지기 ········· **49**
8. **시제의 중요성** – 한국 사람은 김치를 먹었잖아요 ········· **52**

Chapter 2

시제는 영어의 핵심이다 ····· 55

1. 단순한 현재, 과거, 미래 시제 ····· 56
① 단순현재시제 – 어제, 오늘, 내일에 관계없이 언제나 그렇다
② 단순과거시제 – 이미 지난 일을 말하고 싶다
③ 단순미래시제 – 앞으로 할 일을 말하고 싶다

2. be동사의 정체 ····· 68
① be동사의 현재형
② be동사의 과거형
③ be동사의 미래 표현
④ be동사는 언제 쓸일까?

3. 현재 · 과거 · 과거분사 – 〈동사의 3단 변화〉는 잘못된 개념이다 ····· 75
① 동사 변화의 정체
② 6가지 동사 변화의 쓰임 – V6

4. 진행시제 만들기 – 현재분사와 be동사 ····· 83

5. 진행시제 – 그 순간에 하고 있는 것만 말할 때 ····· 84
① 현재진행시제 – 지금 이 순간에 하고 있는 일만 말하고 싶다
② 과거진행시제 – 과거의 어떤 순간에 뭔가 하는 중이었다
③ 미래진행시제 – 미래의 어떤 순간에 뭔가를 하고 있을 것이다

6. 완료시제에서 완료/경험/계속/결과를 구분하지 마라 ····· 98

7. 세계인이 가장 어려워하는 완료시제, 이것만 알면 완벽해진다 ····· 102

8. 현재완료시제 ····· 105
① be동사가 있는 완료시제
② 'have been'은 왜 '가본 적이 있다'인가?

9. 과거완료시제 ····· 115
① 대과거(더 과거) – 과거완료를 쓸 수밖에 없는 이유

10. 미래완료시제 ····· 120

11. 완료진행시제 – 예전에 시작한 일을 지금도 하는 중이다 ····· 124
① 현재완료진행시제 – 과거에 시작한 일을 지금도 하고 있다
② 과거완료진행시제 – 과거 이전에 시작한 일을 과거에도 여전히 하고 있을 때
③ 미래완료진행시제 – 많이 쓰이진 않지만 한 번이라도 봐야 하는 시제

Chapter 3

수동태를 외면하지 마라 ············ 143

1. 수동태 – 만드는 사람이 있으면, 만들어지는 물건도 있다 ············ 144
2. 수동태 시제의 이름 붙이기 ············ 149
3. 단순히 되는 것 ············ 150
   ① 단순현재 수동시제 – 어제, 오늘과 상관없이 언제나 되는 것
   ② 능동시제와 수동시제의 비교
   ③ 단순과거 수동시제 – 이전에 된 것
   ④ 단순미래 수동시제 – 앞으로 뭔가가 될 것을 말하고 싶다
4. 수동태의 진행형 – 그 순간에 뭔가 되고 있는 것만 말할 때 ············ 164
   ① 현재진행 수동시제 – 지금 현재 되고 있는 것을 말할 때
   ② 과거진행 수동시제 – 과거의 어떤 순간에 되고 있던 것을 말할 때
   ③ 미래진행 수동시제 – 미래의 어떤 순간에 되고 있는 중인 것을 말할 때
5. 수동태의 완료시제에는 언제나 been이 있다 ············ 176
   ① 현재완료 수동시제 – 예전에 된 것이 지금 어떤 상태인지 말하고 싶을 때
   ② 과거완료 수동시제 – 과거 이전에 된 것이 과거에는 어떤 상태였는지 말할 때
   ③ 미래완료 수동시제 – 미래에 이미 돼 있는 상태를 말 할 때
6. Been과 Being이 함께 들어 있어도 문제 없다 ············ 190
   ① 현재완료진행 수동시제 – 이전에 시작된 일이 지금도 되는 중이야
   ② 과거완료진행 수동시제 – 과거 이전에 시작된 일이 과거에도 되고 있는 중이었어
   ③ 미래완료진행 수동시제 – 돼 오는 중일 거야

Chapter 4

문장을 길게 만드는 쉬운 방법들 ············ 205

1. 동명사 – '한다'를 '하는 것'으로 ············ 206
2. to부정사 – '한다'를 '~하는 것'으로 만드는 또 다른 방법 ············ 208
3. 동명사와 to부정사 – '하던 것'과 '하려는 것' ············ 210
4. Nice to meet you 와 Nice meeting you 의 차이 ············ 215

5. to부정사는 언제나 미래를 말한다 ·· 217
　　① to부정사 쉽게 해석하기
　　② in order to를 써서 의미를 명확하게 하기

6. 지각(감각)동사 다음에는 동사원형을 쓴다 ····························· 222
7. 꾸며주는 말은 뒤에 붙인다 ··· 226
　　① 접속사 – 문장과 문장을 연결하는 가장 쉬운 방법
　　② 형용사 – 명사 앞에 꾸며주는 말을 넣는 방법
　　③ 형용사구 – 명사 뒤에 꾸며주는 말을 넣는 방법

8. 주격 관계대명사 – 서울에 사는 그 남자 ································ 231
9. 목적격 관계대명사 – 그가 어제 사준 그 모자를 잃어버리다 ······· 238
10. 소유격 관계대명사 – 그것의 가격이 매우 비싼 그 모자는 그의 선물이었다 ··· 242
11. 관계대명사의 생략 – 안 쓰면 더 편리하다 ···························· 246
　　① 목적격 관계대명사는 생략한다
　　② 꾸며주는 문장에 분사가 있으면 분사만으로도 충분하다

12. 영어를 잘하는 것처럼 보이게 하는 what ······························· 249
13. 절 – 문장 안에 다른 문장을 넣는 방법 ································ 254
　　① that절로 자세히 설명하기
　　② 간접의문문으로 공손하게 표현하기

Chapter 5

유창한 의사소통은 시제가 포인트다 ·· **259**

1. 현재 시제가 쓰이는 경우 ·· 260
　　① 조건문일 때 현재시제를 쓴다
　　② 미래의 때를 나타낼 때 현재시제를 쓴다

2. 가정법 – 가짜로 생각해 보기 ·· 263
3. 가정법 과거완료의 해석 ··· 265
4. 다양한 미래 표현 ·· 267
　　① will 과 be going to의 구분
　　② 여러 가지 시제로 미래를 표현할 수 있다.
　　③ 현재진행 시제와 always(항상)이란 말을 함께 쓰면 불만의 표시

Chapter 6

외우기만 하면 되는 것들 ········ **271**

1. 조동사 – 조동사는 동사를 쉽게 해준다 ·········· 272
2. 조동사 + have p.p. ·········· 279
    ① should have p.p. (~했어야 한다)
    ② could have p.p. (~한 상태일 수도 있었다)

3. 형용사와 부사 ·········· 282
    ① 아름다움, 아름다운, 아름답게 (명사, 형용사, 부사)
    ② 빠른, 더 빠른, 가장 빠른 (원급, 비교급, 최상급)

4. 부정문 만들기 ·········· 288
    ① be동사가 있는 문장은 be동사에 not을 붙인다.
    ② 일반동사의 부정문
    ③ 조동사가 있는 문장의 부정문
    ④ 완료형 시제의 부정문

5. 의문문 만들기 – 회화의 핵심 ·········· 292
    ① be동사가 있는 문장의 의문문
    ② 일반동사가 있는 문장의 의문문

6. have에 대한 막연한 두려움을 날려 버려라. ·········· 298

Chapter 7

부록 ·········· **301**

1. 능동태 시제 전체 해석 ·········· 302
2. 수동태 시제 전체 해석 ·········· 303
3. 불규칙 동사의 변화표 〈V6 동사변화표〉 ·········· 304
4. 한눈에 보는 영문법 구조표 ·········· 310
5. V6 English 동사변화표 (중요 동사) ·········· 311

Prologue
이렇게 공부해야 영어가 쉽다

1 문법 용어보다는 해석 방법이 더 중요하다

원어민들은 문법을 고민하지 않고 말한다. 물론 우리도 한국어의 원어민들이기 때문에 한국어 문법을 고민하지 않고 의사소통을 편안하게 한다. 의사소통이 중요한 것이지, 문법이 중요한 것이 아니기 때문이다. 문법은 의사소통을 하는 규칙을 좀 더 체계적으로 정리해 보려고 만든 보조 수단일 뿐이다.

이 보조 수단인 문법에 시간과 정성을 너무 쏟다 보니 학문적으로 흘러버려서 영문법 공부만 수년간하는 사람들이 많다. 영문장을 보면 해석이 되고, 영어를 들으면 이해가 되는 사람은 문법에 많은 시간을 할애하여 매달릴 필요가 없다.

의사소통을 위해서, 말하거나 듣거나 읽거나 쓰기 위해서 영문법을 공부한다면, **문법 용어보다는 해석 방법에 초점을 맞추는 것이 올바른 방법이다.** 문법을 자세히 알지는 못해도 생각을 영어로 논리에 맞게 표현할 수 있다면, 영어를 얼마나 접하느냐에 따라, 얼마나 연습하느냐에 따라 유창해질 가능성이 충분하다.

이 책에서는 쉽게 해석하는 방법을 중점적으로 다뤘다. 과거분사를 해석하지 못하는 사람들을 주변에서 너무 많이 봤다. 물론 해석할 필요가 없다고 배워왔던 탓도 있다. 또, 완료시제를 해석하지 못하는 사람들은 더욱더 많다, 아니 거의 대부분이다. 영문법을 배우는 이유는 해석을 바로하고, 이해하고, 자신의 의도대로 영어로 표현하기 위함이다. 이 책은 그 목표를 이루어 준다. 읽고 나면, 영문법이 한 줄로 꿰어지고, 해석이 되기 시작할 것이다.

2 뭉뚱그려 해석하니까 영어가 제자리다

영어를 오래 공부해도 제자리인 사람은, 문장을 정확하게 이해하지 못하고 대충 뜻만 짐작하고 무조건 외우는 경우가 많다. 외우기만 하면 어떤 문장을 어떤 순서대로 써야 하는지, 언제, 어떻게 써야 하는지가 머릿속에 정확하게 정리가 되지 않는다.

Thank you라는 말에 대한 대답으로 다음과 같은 말들을 쓸 수 있다

천만에요 ▶
- You're welcome.
  당신은 (언제나) 환영입니다.
- Don't mention it.
  그런 말씀 마세요.
- It's nothing.
  아무것도 아닙니다.
- It's my pleasure.
  나의 기쁨입니다. (오히려 저의 기쁨입니다.)
- Not at all.
  전혀요. (전혀 고마워하실 것 없습니다.)
- No problem.
  문제도 아닙니다.
- Any time.
  아무 때나요. (아무 때나 부탁해도 좋습니다.)

이렇게 대답이 여러 가지인데, 해석은 '천만에요'라고만 알고 있는 경우를 많이 봤다. 위의 대답이 모두 '천만에요'라는 의미로 쓰이기는 하지만, 대화 상대에 따라서 혹은 상황에 따라서 사용하기에 적합한 표현이 다르다. 각각의 뜻을 정확히 알면 다른 상황에서도 응용할 수가 있을 텐데, 뭉뚱그려서 '천만에요'라고만 알아두니까, welcome, mention, pleasure, problem 중에서 어떤 것을 써야 할지가 망설여지고 말하기에 확신이 서지 않는다. 그래서 무조건 "You're welcome"만 쓰게 된다. 또, 이미 알고 있는 단어도 다른 문장에서 만나면 무슨 뜻인지 몰라서 사전을 찾게 된다. 하나를 배우더라도 원래의 뜻을 이해하고 배우면, 쉽게 응용할 수 있고 기억에도 오래 남는다.

한 가지 예를 더 보자. 흔히 알고 있는 <~too ...to> 용법이 있다.

- **This bag is too heavy to lift.**
  이 가방은 너무 무거워서 들 수가 없다.　　(잘못된 해석)
  이 가방은 너무 무겁다 **들어 올리기에**.　　(올바른 해석)

to lift는 to부정사의 의미를 살려서 해석해야 하는데, 잘못된 해석에서는 to부정사의 의미를 살리지 못했다. 우리말로 부드럽기는 하지만 뭉뚱그려 해석해서, can을 쓰지 않고도 '들 수 없다'라는 표현을 만든 꼴이 되었다. 물론, 의미는 통한다. 그러나 이런 식으로 해석하면 to부정사에 대한 규칙성은 익힐 수 없다. 다음에 to부정사를 써야 할 상황에서 to부정사를 정확히 쓸 수 없다.

이처럼 **정확하지 못한 해석이 습관이 되면 언어의 규칙성을 발견할 수 없다. 위의 잘못된 해석에서의 '들 수 없다'**라고 해석된 부분은 위의 영어 문장에서 발견할 수 없기 때문이다.
이렇게 영어 문장을 우리말로 '의미만 통하게' 해석해 놓으니까, 배우는 사람들은 규칙성을 발견하지 못하고 영어는 역시 어렵다는 잘못된 결론을 내려버린다.

위의 잘못된 해석처럼 말하려면 영어로는 이렇게 말해야 한다.

- **This bag is so heavy that I can't lift it.**
  이 가방은 **너무 무거워서** 나는 **들어 올릴 수 없다** 그것을.

위 두 문장은 우리 중학교 영어에서 한 문장을 주고 같은 뜻의 다른 문장으로 전환하라는 문제에서 자주 접하게 되는 문장이다. 대략의 의미는 거의 비슷하지만, 분명 각각 다르게 해석해야 하는 문장이다.

이처럼 잘못된 해석에 맞춘 문제를 계속 접하게 되어서, 학생들은 은연중에 두 문장을 같은 해석으로 잘못 받아들이게 된다. 더 나아가서는 to부정사와 조동사 등이 문장에서 항상 같은 의미와 역할을 한다는 단순한 규칙조차 잡아내지 못하게 된 경우도 많았다.

학습자는 문장 속에서 규칙성을 발견하고 익혀야 하는데, 그것이 안 되는 것이다. 올바른 규칙을 익혀두면 일일이 문장을 외우지 않아도 충분히 쉽고 빠르게 응용할 수 있다.

POINT!

- This bag is **too** heavy **to lift**.
  이 가방은 **너무** 무겁다 **들어 올리기에**.

- This bag is so heavy that I **can't lift it**.
  이 가방은 너무 무거워서 내가 **들어 올릴 수 없다 그것을**.

위의 두 문장은 의미가 비슷하지만, 영어 문장이 다르므로 한국어 문장도 다르게 해석해야 한다.

문장의 의미 그대로 해석해야, 언어의 규칙성을 발견할 수 있다.

3 영어를 잘하려면, 한국어의 도움을 받아라

당신은 이미 한 개의 언어에 매우 능통하다

학자들의 연구에 의하면 10세~14세 정도가 되면, 어린아이가 모국어를 습득하듯이 언어를 습득하는 것은 불가능하게 된다고 한다.
모방력, 청각, 유연성 등이 어린아이와 같지 않기 때문이며, 이미 자신이 쓰고 있는 모국어와의 비교와 분석을 하기 때문이라 한다.

이 말을 다르게 풀어보면, 사춘기 이후의 성인들은 모국어와의 비교에서 이해가 되어야만 외국어 습득이 가능하다는 것이다. 그래서 문법을 배워서 외국어를 이해하려고 해왔지만, 도무지 이해가 되지 않는 부분들이 많아 외우는 것이 더 편리한 것처럼 인식되어 왔다. 그러나 이해가 되지 않는 부분들은 잘 외워지지도 않는다.

중학교를 졸업한 분들 중에, 수없이 많이 들었던 관계대명사를 아직도 어려워하는 분들이 있다면, 충분히 이해가 되지 않아서라고 본다. 선행사와 관계대명사를 구분해 내고, 문법적으로 어떻게 쓰였는지만 구분하다 보니 이해가 부족하여 아직도 잘 모르겠다는 분들이 셀 수 없이 많고, 영어가 늘지 않는 이유 중에 하나가 되었다.

15세 이상의 학습자들은 한국어와 잘 비교해서 이해하면 영어 학습에 가속도가 붙는다. 나중엔, 해석하지 않고도 영어의 이미지가 떠오를 수 있다.

당신이 이미 하나의 언어에 능통하다는 것은, 언어라는 것 자체에 익숙해져 있고, 이미 말을 이미지화해서 사용하고 있다는 것이다. 이미 이미지화되어 있는 언어를 이용하면 개념을 잡기가 훨씬 쉽다.

우리는 이미 이미지화되어 있는 언어의 요소들을 영어에도 이용할 수 있다. 모든 영어는 한국어 뜻이 무엇인지 정확하게 알아야 한다. 뜻을 제대로 모르고 넘어가기를 반복하면, 언젠가 알게 되는 경우도 있지만, 대부분의 경우에는 그 부분이 애매한 채로 남게 되어 흥미를 잃게 된다.

예를 들면, ever 같은 단어는 대체로 해석하기를 어려워하는데, 그렇다고 애매한 채로 남겨두어서는 안 된다.

ever를 해석하는 방법을 예를 들어보자.

① I **have met** Scarlett in L.A.
나는 L.A.에서 스칼렛을 **만난 상태이다.**
(과거에 언젠가 만난 **경험을** 지금도 가지고 있다는 뜻)

② I **have ever met** Scarlett in L.A.
나는 **지금까지 살아오는 중에** L.A.에서 스칼렛을 **만난 상태이다.**
(지금까지 인생을 살아오는 중에 만난 경험이 있다는 뜻)

③ I **ever met** Scarlett in L.A.
나는 **지금까지 살아오는 중에** L.A.에서 스칼렛을 **만났다.**
(지금까지 인생을 살아오던 중 과거 언젠가 스칼렛을 만난 경험이 있다는 뜻)

❹ I **met** Scarlett yesterday in L.A.
나는 어제 L.A.에서 스칼렛을 **만났다.**
(나는 어제 스칼렛을 만났다는 사건만을 뜻함)

①②③번은 다 같은 뜻이다. 구체적인 이유는 이후에 자세히 설명하겠지만, 일단 이해를 돕기 위해 간단히 설명하면, ①②③번은 "나는 스칼렛을 만난 적이 있다."는 경험을 말한다.

①번은 완료형이므로 당연히 경험을 나타낼 수 있으며, ②번은 ever를 넣어서 경험이라는

것을 명확히 했다. 예문 ③에서처럼 단순히 과거의 표현에도 ever를 넣음으로써 **지금까지 살면서**라는 뜻을 더해 완료시제처럼 경험을 표현할 수 있는 것이다.

❹번은 단순히 어제의 사건만을 말하고자 하는 것이다. 굳이 경험을 말하고자 하는 것은 아니다.

위의 예에서 볼 수 있듯이, ever의 뜻만 명확히 알아도, 과거 시제를 완료시제처럼 쓸 수 있는 응용력이 생긴다.

문법을 공부하는 것은, 무조건 규칙을 외우자는 것이 아니고, 언어를 표현하는 개념을 갖자는 것이다. 회화를 해 본 사람들은 다들 느끼겠지만, 통째로 외운 자주 쓰는 문장 외에는 개념이 확실한 문장만 새로 만들어 쓸 수 있다. 완료시제의 개념이 없는 사람은 대화중에 완료형 문장을 거의 사용하지 못한다. 완료시제에 대한 개념이 확실하지 않기 때문에 표현하고 싶은 문장을 새로 만들 수 없고, 만들어도 확신이 없어서 자신 있게 말하지 못하는 것이다.

이미 한국어가 모국어인 사람들은 새로운 개념을 만드는 것보다, 한국어의 개념을 영어에 응용하는 방식이 훨씬 빠르다. 이런 연습을 계속하게 되면 나중에는 **한국어로 해석하지 않아도 그 개념이 저절로 떠오르게 된다.**

4 많이 쓰는 80%를 확실히 이해하라.

전체 영문법 중 많이 쓰는 80%에 빨리 익숙해져야 영어가 재밌고 속도가 붙는다

시험에만 주로 등장하고, 영어 원어민들도 종종 틀리는 잘 쓰지 않는 20%에 매달리지 말고, 가장 많이 쓰이는 80%를 확실하게 익혀 놓으면 나머지 잘 안 쓰는 영어도 쉽게 정복할 수 있다.

시험에 나오는 것만 급하게 공부하다 보니, 매번 어려운 20%의 영어에 치중하게 된다. 영어 사용자들이 가장 많이 쓰는 표현은 쉬운 80%에 다 들어 있다. 일단 그 80%의 일상적이고 쉽고 많이 쓰는 것을 이해하고 익숙하게 된 후에야, 예외적이고 까다로운 나머지를 쉽게 이해하고 익힐 수 있다. 흔히 쓰는 80%에 집중하여 영어의 감각을 키우고 영어의 규칙성을 발견해야 예외적인 경우가 눈에 들어오고 그제야 나머지 20%를 공략할 때가 된 것이다. 또 잘 쓰지 않는 20%는 원어민도 종종 틀리게 사용하고 헷갈려 하는데, 원어민도 아닌 우리가 까다로운 20%에 발목 잡혀서는 안된다.

예를 들면, 관계대명사는 선행사가 사람이면 who를 쓰고, 선행사가 사물이면 which를 쓴다. 그런데, 매번 구별해서 쓰기에는 서로 피곤하니 구별 없이 그냥 that을 써도 누가 뭐라 하지 않는다. 그런데, 관계대명사 who나 which는 쓰지 못하고 '오직 that만을 쓰는 경우'도 있다. '선행사 앞에 최상급이나 서수가 오는 경우 등' **몇 가지 경우에는 관계대명사로 that만 쓴다.**

여기에서 우리는 선택을 분명히 해야 한다. '특별한 경우의 관계대명사 that(20%에 해당)'을 익히려 애쓰느냐 아니면, 자주 쓰는 that을 사용하여 관계대명사(80%에 해당) 문장 만드는 연습을 하느냐를. 영어를 쉽게 잘하고 싶다면 우리는 당연히 일상에서 자주 쓰이는 영어의 80%에 집중해야 한다.

실제로 'that만 써야 하는 경우'라고 규정된 문법도 원어민들이 꼭 지키는 것은 아니다. 요즘 미국 드라마나 영화를 보면, 분명히 that만 써야 하는 경우인데도 who를 쓰는 경우도 종종 볼 수 있다. 시험 점수를 이유로 20%에 매달린다면 우리는 많은 노력에도 불구하고 영어를 잘할 가능성이 매우 낮다. 너무 엄격한 규칙에 매이면 영어로 입을 떼는 것조차 두렵게 된다.

　조급해 하지 마라. 말도 못하고, 쓰지도 못하는데, 토익·토플 등의 문제풀이에만 에너지를 쏟는 것은 무모하다. 재미도 없을뿐더러, 재미가 없으니 공부를 지속하기도 힘들고, 기본기 없이 급하게 준비해서 시험을 보니, 못 보던 문제가 나오면 당황하게 되고, 시험 유형이 바뀌면 처음부터 새로 공부해야 하는 악순환을 반복하는 것이다. 또한 공부를 해도 한 만큼 점수가 오르지 않는다.

　문제풀이만을 위한 영문법에서 벗어나서, 영어의 '변하지 않는 규칙 80%'에 대한 개념을 확실히 하자. 개념만 확실히 서면, 당신은 훨씬 쉽게 말을 할 수 있게 된다. 완벽한 표현이 아니어도 의미 전달에 전혀 무리가 없는 올바른 표현을 써서 말을 할 수 있다. 말을 할 수 있다는 것은 글로 쓸 수도 있다는 것이다. 영어로 말을 하고, 영어로 된 신문이나 잡지를 읽을 수 있고, 뉴스를 듣고, 다른 사람에게 영어로 전달할 수 있다면, 영어 시험의 80%는 별다른 공부 없이도 해결할 수가 있다.

　이 책은, 80%의 변하지 않는 올바른 문법을 빠르게 익혀서, 불필요한 에너지 소모 없이, 읽거나 듣는 대로 자신의 것이 되고, 영어로 의사소통할 수 있는 가장 빠르고 쉬운 길을 안내한다. 20%의 예외 규정들은 저절로 알게 되거나, 책 한 번 읽는 것으로써 쉽게 익힐 수 있게 된다.

　이 책을 읽고 난 후 독해를 해보면 확실히 달라진 자신의 모습을 보게 될 것이다.

Chapter 1
잠깐! 먼저 알아야 할 8가지

1 영어 문장의 구조

영어는 무조건 〈주어 + 동사 + 목적어〉 이다.

영어의 기본 구조 〈주어+동사+목적어〉는 변하지 않는다.

> **우리말** 어순 ⇒ **나는** 벤치에 앉아 있는 **그녀를 보았다.**
> **영　어** 어순 ⇒ **나는 보았다 그녀를** 벤치에 앉아있는.

영어는 무조건 〈주어 + 동사〉가 맨 앞에 온다

　영어는 주어와 동사가 맨 앞에 나오기 때문에 무슨 말을 하려는 것인지 금방 알 수 있다. "우리말은 끝까지 들어봐야 한다."는 말이 있는 것처럼, 우리말은 동사가 문장의 끝에 나오기 때문에 말을 끝까지 들어봐야 한다. 그러나 영어는 앞부분에 나오는 주어와 동사만 들어봐도 일단 무슨 말을 할지 알 수 있다.

　일단 결론을 내고, 그다음에 단서를 붙이는 것이 영어식 표현이다. 가장 먼저 단서로 붙여지는 것이 목적어이며, 영어 문장 대부분은 동사 뒤에 목적어가 붙는다. 물론 동사 뒤에 붙는 말이 목적어가 아닐 수도 있지만 목적어에 해당하는 역할을 한다고 생각하면 된다. 이렇게 생각하면 영어가 한결 간단해진다.

　우리가 영어의 어순 등에 익숙하지 않아서 어렵게 느껴질 뿐이지, 사실 영어가 우리말보다 객관적인 내용을 표현하기에는 더 편리하고, 의미도 혼동되지 않는다. 우리말에는 없는 관계대명사를 쓰는 이유도 의미가 혼동되지 않도록 하기 위함이다.

영어 문장의 대표적인 구조를 간단히 알아보면 다음 표와 같다.

주어	동사	목적어	수식어(구)
나는	보았다	그녀를	벤치에 앉아있는
I	saw	her	sitting on a bench
⬆	⬆	⬆	⬆
명사처럼 쓰이는 말이면 무슨 말이든 주어가 될 수 있다.	주어의 행동을 나타내는 말. **시제**에 따라서 과거 · 현재 · 미래를 나타낼 수 있다.	**명사**처럼 쓰이는 말은 목적어가 될 수 있다. '을/를'로 해석. 주어와 같은 말(명사)들이 쓰인다.	수식어라고 한다. 형용사처럼 어떠한 상태를 나타내는 말이다.
나는 그는 나의 친구가 그 아기가	만든다 먹었다 좋아한다 그리는 중이다	음식을 사과를 그녀를 초록색 나무를	예쁜 귀여운 서 있는 앉아 있는 맛있는 열심히 즐겁게
책 쓰는 것은 편지를 쓰는 것이	재밌다 즐겁다		행복한 슬픈
명 사 명사구 명사절	**동 사** 조동사 + 동사 시제별 동사 변화	**명 사** 명사구 명사절	**형용사 / 부사** 형용사구 / 부사구 형용사절 / 부사절

이 표를 외울 필요는 전혀 없다. 〈주어 + 동사 + 목적어〉이 순서만 확실히 기억해 두자. 보통 5가지 형식으로 나누어 영어 문장의 구조를 이해하지만, 한 가지로 압축하면 위의 형식과 같은 **〈주어 + 동사 + 목적어〉**의 구조가 된다.

TIP!

구 와 절

구 : 두 단어 이상을 모아서 만든 말의 덩어리. 〈주어+동사〉의 **구조가 아니고** 그냥 말이 되는 단어들을 모아 놓은 말의 덩어리이다. 그 **말의 덩어리**가 문장에서 **명사처럼 쓰이면 '명사구'**, 형용사처럼 쓰이면 '**형용사구**'라고 부른다. 예를 들면, 빨간 꽃, 키 크고 잘생긴 남자 등

절 : 〈주어+동사〉가 포함된 말의 덩어리. 즉, 하나의 문장이다. 그러나 다른 문장 안에서 명사처럼 쓰이면 '**명사절**', 형용사처럼 쓰이면 '**형용사절**'이라고 부른다.
예를 들면, 그녀가 그를 좋아한다는 것은 사실이다.

부정문 / 부정사 / 부정대명사

세 용어를 한자로 써보면 '否定文', '不定詞', '不定代名詞'이다. 한글로는 모두 '부정'이라 쓰니 개념이 정확히 잡히지 않는다. '아니다'라는 뜻의 '부정:否定'이 있고, '정할 수 없다'라는 뜻의 '부정:不定'이 있는데, 한글로만 용어를 접하다 보니 용어의 뜻조차 알기 어렵다.

이런 어려운 말들은 다 접어두고 시작하자. 여러분은 영어를 시작하기도 전에 문법 용어에 막혀서 강의를 이해하지 못한 경험이 있지 않은가.

많은 문법 용어들이 있지만, 여러분이 그 용어들을 다 알 필요는 없다. 명사, 동사, 꾸며주는 말(수식어) 정도만 알아도 영어를 이해하는 데에 충분하다.

주어와 목적어로 쓰이는 명사는 크게 변하지 않는다. 그러나 주어 다음에 나오는 동사는 다양한 시제를 표현하고, 어떤 일을 주어가 하는지 또는 당하는지도 나타낸다. 동사는 영어 문장의 핵심이라 할 수 있다.

회화나 영작이 안 되는 것은, 일단 주어를 말하고 그다음 동사를 말해야하는데 동사를 어떻게 변화를 시켜서 말을 해야 할지가 좀처럼 떠오르지 않기 때문이다.

실제로 회화 클래스에서 초보자를 대상으로 강의해 보면, 동사의 변화를 가장 어려워하고 많이 틀린다. 사실, 초보자가 아니더라도 영어를 배우는 사람은 모두가 이 동사의 변화, 그중에서도 특히 '시제'를 어려워한다. 어떤 일을 한다는 것인지, 했다는 것인지, 할 것이라는 것인지 구분해서 말하기를 힘들어한다. 과거에 있었던 일도 현재형으로 말하는 경우가 많고, 현재진행시제도 현재형으로 말하는 경우가 많다. 특히, 한국인이 현재완료를 정확하게 구사하는 경우는 아주 드물다. 동사에서 막히니까 다음 말로 이어지지 못한다. 동사만 제대로 구사한다면, 그다음에 오는 목적어는 어려울 것이 없는데도 말이다.

주어를 만들 수 있는 명사부터, 영어를 배우는 사람들이 가장 어려워하는 동사의 활용인 시제, 그리고 말을 길게 만들려면 꼭 알아야 하는 꾸며주는 말과 관계대명사까지 하나하나 이해하고 나면, 자신이 원하는 영어 문장을 얼마든지 만들어낼 수 있게 될 것이다.

POINT!

영어의 구조를 〈주어 + 동사 + 목적어〉로 가장 단순화해서 이해한다. '보어'도 목적어에 포함시켜서 이해하면 훨씬 편리하다.

학자에 따라서는 영어 문장의 형식을 20여 가지 이상으로 분류하기도 하지만, 그것은 학자들이 학문적으로 접근할 때의 경우이고, 일반인은 영어를 그렇게 깊게 분류할 필요가 없다.

영어는 무조건 〈주어 + 동사 + 목적어〉라는 것만 기억하자.

영 문장의 개념 잡기

상자와 상자들이 사진처럼 떠올라야 한다.
말할 때는 이미지를 떠올려라

명사는 단수와 복수가 있다.

우리말은 '~들'을 붙여 복수를 표현하는데, 영어에서는 '-s / -es'를 붙여서 복수를 표현한다. 우리말은 단수 복수를 정확하게 구분하지 않는 경우가 많지만, 영어를 모국어로 쓰는 사람들은 머릿속에서 하나인지, 여럿인지를 항상 구분해서 생각하고 말한다.

그래서 영어에서는 단수냐 복수냐가 중요하다. 정확한 표현을 하기 좋아하기 때문이다. 영어 말하기를 공부하는 사람은 주어가 뜻하는 수와 동사의 행동을 떠올리는 연습을 많이 해야 한다.

- A **box is** in my room. (머릿속에 하나의 상자를 떠올린다.)
  하나의 **상자**가 내 방 안에 **있다**.

- Three **boxes are** in my room. (머릿속에 세 개의 상자들을 떠올린다.)
  세 개의 **상자들**이 내 방 안에 **있다**.

- **A person is** walking on the street.

  한 사람이 걷는 중이다 그 길 위를.

- Some **people are** walking on the street.

  몇몇 사람들이 걷는 중이다 그 길 위를.

person은 한 사람을 의미하고 people은 여러 사람을 의미한다. person이라는 단어를 만나면 한 사람을 머릿속에 떠올려야 하며, 영어로 말할 때도 한 사람을 떠올리면서 말하면 people과의 혼동을 막을 수 있다.

마찬가지로, people이라는 단어를 문장에서 접하거나 사용하게 될 때 여러 사람들을 머릿속에 떠올리면, 뒤에 오는 동사를 틀리지 않고 말할 수 있다.

영단어를 학습할 때 영단어와 우리말을 1:1로 대응시키기보다는 영단어 각각의 의미를 머릿속에 이미지화해 놓는 것이 좋다.

Star → 별 → ☆ 이렇게 우리말 해석을 거치기보다는,

Star → ★ 처럼, 바로 이미지를 떠올려야 한다.

마찬가지로,

Stars → 별들 → ☆☆... 식으로 우리말 해석을 거치지 말고,

Stars → ★★... 처럼, 바로 이미지가 떠오르도록 연습을 해야 한다.

굳이 우리말 해석을 거치지 않아도 'pizza'라는 말을 들으면 바로 그 피자 모양과 맛이 상상이 되는 것처럼, 다른 영단어도 그렇게 되도록 연습해야 한다.

사물의 이름을 나타내는 '**명사**'는 **이렇게 '이미지화'하기가 쉽다**. 모양만 상상하면 되니까. 그런데, 행동을 나타내는 '동사'는 명사처럼 이미지화하기가 쉽지 않다. 게다가 **동사는 상황에 따라서 변화하므로 이미지화하기가 더욱 쉽지 않다**. 그래서 회화나 영작을 할 때 동사를 표현하기가 어려운 것이다.

'**동사**'를 어떻게 '이미지화'해야 하는지는 뒤에 **[동사와 시제]** 편에서 자세히 설명한다.

TIP!

복수 형태가 아닌 명사는 단수로 생각하라!

- The **apple is** delicious.
- The **apples are** delicious.
- The **water is** clean.

'**주어(명사)**'가 **복수 형태가 아니면 무조건 단수로 취급한다**는 것을 기억하자.
예를 들어 sugar는 복수 형태가 아니므로 그냥 is를 쓰면 된다.

- The **sugar is** so sweet.

Chapter 1

3 관 사

평범함과 특별함의 차이

- 평범하게 만들어주는 a 와 an
- 특별하게 만들어주는 the

정확한 것을 좋아하는 언어인 영어에서 관사는 매우 중요하다. 관사는 a/an과 the가 있는데, 이들 관사는 쓰임이 각각 다르다. (관사는 명사에 씌워지는 말이므로 a/an, the 뒤에는 반드시 명사가 온다.)

'관사(冠詞)'의 '관'이란 왕관 등 머리에 쓰는 모자류를 뜻하는데, 옛날에 왕이나 귀족은 그에 걸맞은 관을 써서 자신의 신분을 나타냈었다.

이렇게 모자로 신분을 나타냈던 것처럼, 영어의 '관사'도 어떤 관사를 썼느냐에 따라서 명사의 뜻하는 바가 달라진다.

1 평범하게 만들어 주는 a / an

문법 용어로 말하자면 '부정관사'이다. a/an을 붙여서 뭔가 정해지지 않은 것을 표현한다. 영어를 좀 하는 사람들도 관사를 어려워하는데, 우리말에서는 정확하게 구분하지 않기 때문에 나타나는 현상이다. 그러나 관사에 대한 올바른 개념을 가지고 있으면 그다지 어렵지 않다.

- **a** book
  아무것이나 상관없는 하나의 책

- **an** MP3 player
  아무것이나 상관없는 하나의 MP3플레이어

주의!

✽ a와 an의 구분

a/an 다음에는 명사가 온다. 뒤에 오는 명사의 발음이 자음으로 시작되면 **a**를, 모음으로 시작되면 **an**을 쓴다. M은 자음인데 왜 **an** MP3 player일까? 기준이 글자가 아니고 발음이라서 그렇다. M은 /em/으로 발음되니까 **an**을 쓴다.

이처럼 a와 an의 구분의 기준이 되는 것은 문자가 아니고 소리(말)이다. 영어든 한국어든 모든 규칙은 말에서부터 시작된다는 것을 명심해야 한다. 말로 하니까 생략을 해도 뜻이 통하고, 앞뒤 말을 바꿔서 도치를 시켜도 무슨 말인지 알 수가 있다. 글자로만 배우면 생략된 어휘들을 파악하기 힘들고, 어순이 바뀐 말도 이해하기 어렵다. 말로 이해를 해야 쉬워진다.

항상, 글자보다는 말이 기준이라는 것을 기억하자.

2 특별하게 만들어주는 the

아무리 평범한 것이라도 the를 붙이는 순간 특별한 것이 된다.
"나 차 한 대를 봤어."라고 말할 때와, "나 그 차를 봤어."라고 말하는 것은 완전히 다르다.

다음의 문장을 보자.

- I saw **a car**.
  나 봤어 **한 대의 차**를.

- I saw **the car**.
  나 봤어 **그 차**를.

the가 붙으면 뭔가 특별한 것을 칭하는 것이 된다.

- I bought **a** shirt.
  나 셔츠 **하나** 샀어.

- **The** shirt is good on me.
  그 셔츠는 나에게 잘 어울려.

처음 셔츠 얘기를 꺼냈을 때는 그저 '하나의 셔츠'라고 표현했지만, 다시 셔츠를 언급할 때는 이미 서로가 알고 있는, 내가 산 바로 그 셔츠이므로 '그'를 붙였다. 한 번 말한 것은 이미 특별하다.

모두가 이미 알고 있는 공공의 것이나 유일한 것을 표현할 때도 the를 쓰고, 나만 알고 있는 특정한 것에도 the를 쓴다.

- My sister is in **the** livingroom.
  한 집 안에서 모두가 알고 있는 거실은 보통 유일하면서 공공의 것이다.

- My mother is cooking dinner in **the** kitchen.
  한 집 안에서 모두가 알고 있는 주방은 보통 유일하면서 공공의 것이다.

- Fly to **the** moon.
  지구의 위성인 유일한 달을 뜻한다.
  토성에 있는 여러 개의 위성 중 하나는 a moon이 될 수도 있다.

- **The** earth moves round the sun.
  우리가 살고 있는 유일한 지구를 뜻한다.

- I saw a rabbit get into **an** earth.
  단순히 하나의 **땅굴**, 토양이라는 의미로 쓸 때는 the를 붙이지 않는 경우도 있다.
  이런 경우라도 앞에서 한 번 언급했다면 다음부터는 the를 붙여야 되는 것은 당연하다.

POINT!

다른 것으로 바뀌어도 상관없는 **평범한 것에는 a/an**을 붙이고, **특별하다면 the**를 붙인다. 나에게만 특별하더라도 **the**를 붙여 써도 된다.

Chapter 1

인칭대명사

you의 소유격이 your라는 것은 중요하지 않다

인칭대명사는 각각의 뜻을 하나하나 외워야 한다.

사람이나 사물의 이름을 대신해서 표현하는 말을 '인칭대명사'라고 한다. 이미 중학교만 들어가도 다 배우는, 어쩌면 아주 쉬운 부분이다. 그러나 막상 우리말과 1:1로 대응시켜서 물어보면 이 쉬운 것들이 바로바로 떠오르지 않는 경우를 많이 봤다.

소유격이니 목적격이니 하는 명칭보다는 각각의 인칭대명사를 **우리말의 뜻과 1:1로 대응시켜서 익히는 데에 초점을 맞추자**. 'he의 소유격은 his이다' 이런 식으로 외우는 것은 실전에서는 아무런 도움이 안 된다.

아래 예문에서 굵게 표시된 부분을 보는 순간 바로바로 인칭대명사가 떠올라야 한다.

- **나는** 가지고 있다 하나의 애완동물을.
- **그녀의** 애완동물은 강아지이다.
- 그 강아지는 좋아한다 **그를**.
- 그 강아지는 **그의 것**이다.

- **I** have a pet. (나는)
- **Her** pet is a puppy. (그녀의)
- The puppy likes **him**. (그를)
- The puppy is **his**. (그의 것)

아래 표에 나와 있는 말들을 [인칭대명사]라고 한다.
(이 표에 있는 인칭대명사는 아래 해석까지 그대로 1:1로 외워야 한다.)

인칭		주격	소유격	목적격	소유대명사	재귀대명사
1인칭	단수 (나)	I 나는	my 나의	me 나를/나에게	mine 나의 것	myself 나 자신
	복수 (우리)	we 우리는	our 우리의	us 우리를/우리에게	ours 우리의 것	ourselves 우리들 자신
2인칭	단수 (너)	you 너는	your 너의	you 너를/너에게	yours 너의 것	yourself 너 자신
	복수 (너희들)	you 너희들은	your 너희들의	you 너희를/너희에게	yours 너희들의 것	yourselves 너희들 자신
3인칭	단수 남성 (그)	he 그는	his 그의	him 그를/그에게	his 그의 것	himself 그 자신
	단수 여성 (그녀)	she 그녀는	her 그녀의	her 그녀를/그녀에게	hers 그녀의 것	herself 그녀 자신
	단수 중성 (그것)	it 그것은	its 그것의	it 그것을/그것에게	X	itself 그것 자신
	복수 (그들, 그것들)	they 그들은	their 그들의	them 그들을/그들에게	theirs 그들의 것	themselves 그들 자신

많은 분들이 [I, my, me, mine] 이렇게만 외우는데, 각각의 의미도 함께 외워야 한다. [I 나는, my 나의, me 나를/나에게, mine 나의 것] 이와 같이 해석도 함께 외워야 한다. **인칭 대명사는 어떤 문장에서도 다르게 해석되지 않으므로, 그대로 외운다.**

가끔 어떤 강의나 책에서는 목적격을 써 놓고도 주격으로 해석하는데, 정확한 의미 전달을 위해서는 그렇게 해석해서 알려줄 수는 있으나, 반드시 직역을 함께 알려주어야 하며, **혼자 공부할 때는 그렇게 해석하면 절대 안 된다.**

It is very difficult **for him** to solve the problem.

　① 그 문제를 푸는 것은 **그에게** 매우 어렵다. **(O)**
　② **그가** 그 문제를 푸는 것은 매우 어렵다.　**(X)**

의미는 둘 다 맞다, 그러나 ②번처럼 해석하면, 우리말로는 부드럽지만, **다음과 같이 또 쓸 데 없는 문법을 만들어 낸다.**

> **To 부정사의 의미상 주어는 "for+목적격" 이고 해석은 "~가" 로 한다?**
> 이런 문법 규칙은 결과적으로는 맞는 말이긴 한데, 해석만 제대로 하면 전혀 필요 없는, 문법을 복잡하게 만드는 규칙이다.
> 해석을 잘못해 놓으니 그것을 보완하는 새로운 규칙을 만들어야 하고, 외울 것이 필요 이상 많아진다.

①번처럼 'for him'을 '그에게'라고 원래대로 해석하면 된다. 오히려 더 정확하다.

이렇게 해야만 필요할 때 올바른 인칭대명사를 사용할 수 있다. 따라서 인칭대명사의 격에 따른 해석은 절대 다른 식으로 하지 말고, 위의 표에 있는 대로 영어와 우리말 뜻을 1:1로 외워놓자.
외우는 것을 싫어하는 분들도 인칭대명사만큼은 위의 표 대로만 외워두기 바란다.

아래 표의 빈칸을 채워보자. **(쉽게 떠오를 때까지 연습 할 것)**

인칭			주격	소유격	목적격	소유대명사	재귀대명사
1인칭		단수 (나)	I ( )	my ( )	me ( )	( ) 나의 것	( ) 나 자신
		복수 (우리)	we 우리는	our 우리의	( ) 우리를 우리에게	ours 우리의 것	ourselves ( )
2인칭		단수 (너)	you 너는	your ( )	( ) 너를 너에게	yours ( )	( ) 너 자신
		복수 (너희들)	( ) 너희들은	your	( ) 너희를 너희에게	yours	yourselves 너희들 자신
3인칭	단수	남성 (그)	( ) 그는	his 그의	( ) 그를 그에게	( ) 그의 것	himself 그 자신
		여성 (그녀)	she 그녀는	her 그녀의	( ) 그녀를 그녀에게	( ) 그녀의 것	herself ( )
		중성 (그것)	( ) 그것은	its 그것의	it 그것을 그것에게	X	itself 그것 자신
	복수 (그들, 그것들)		they 그들은	( ) 그들의	them ( )	theirs ( )	( ) 그들 자신

Chapter 1

5 be 동사

왜 문법 시간에는 be동사와 일반동사를 구분해서 가르칠까?
[이다] 와 [하다]

동사는 크게, 어떤 상태를 나타내는 이다와 어떤 행동을 나타내는 하다로 나눌 수 있다.

이다 는 be이고,
하다 는 do이다.

be가 변화된 형태 전부를 be동사라 하고, do가 대표적인 '한다'의 뜻을 나타내므로 예를 들었는데, '~한다'라는 뜻을 가진, 행동을 나타내는 모든 말을 일반동사라고 한다.

우리말에서는 be동사에 해당하는 '이다'가 변화가 심하지 않기 때문에 특별히 배워야 한다는 생각이 들지 않는다. 그러나 영어에서는 다르다.
프랑스어를 공부해 보면, 기본적인 인사말 외에 처음 배우는 동사가 être동사이다. 영어의 be동사와 같다.
être동사도 주어(나/너/우리/그들)에 따라서 그 모양이 바뀐다. be동사가 [am, is, are]로 바뀌는 것처럼. 그래서 영어와 비슷한 언어체계를 가진 나라의 사람들은 큰 어려움 없이 'be동사'의 개념을 갖는다. 그들은 형태 변화만 설명해 줘도 금방 익힐 수 있는 것이 'be동사'이다. 그러나 우리말은 다르다. '이다/있다'라는 말을 특별한 말로 취급하지도 않고, 변화도 없으니 크게 중요하게 생각되지도 않는다. 그래서 'be동사'도 우리말처럼 쉽게만 생각하고 대충 넘어가는 경우가 대부분이다.
영어를 처음 배울 때부터 모양 변화에만 신경을 써서 배워서 인지 be의 모양 변화만 아는 것으로도 다 아는 것처럼 생각하지만, 막상 been이나 being으로 활용이 되면 해석하기를 난감해한다. 그러면서도 여전히 'be동사'는 초보들이나 배우는 동사라고 생각하면서 쉽게 생각하고 넘어간다. 그러다 보니 나중에는 뜻도 없이 갑자기 나타나서 애매하게 만드는 동사 중에 하나가 되었다.

be동사를 올바로 익혀 두어야, 갖가지 모양(am, is, are, was, were, been, being, to be, be)으로 변하는 be동사를 쉽게 정복할 수 있고 이것부터가 영어의 기본이다. 이 장에서는 be동사와 일반동사가 어떻게 다른지 각각의 뜻만 먼저 이해해 보기로 하자.

1 be 동사의 뜻

be동사는 am, is, are가 있다. 뜻은 이다, 있다이다.

- I **am** a student.
  나는 학생이다. (주어가 '나'일 때)

- She **is** a student.
  그녀는 학생이다. (주어가 3인칭 단수일 때)

- They **are** students.
  그들은 학생이다. (주어가 복수이거나, 2인칭일 때)

- I **am** in the garden.
  나는 정원에 있다.

- She **is** in the garden.
  그녀는 정원에 있다.

- They **are** in the garden.
  그들은 정원에 있다.

be동사 다음에 전치사(~에)와 함께 장소가 오면 있다라는 뜻이 된다.

2 일반동사의 뜻

먹다, 입다, 걷다, 일하다 등 ~한다는 뜻을 가진 동사를 일반동사라 한다.
'~이다(be)'라는 뜻이 아닌 모든 행동을 나타내는 모든 말을 일반동사라고 생각하면 된다. 영어 동사를 외울 때 주의해야 할 것은 단어의 뜻만 외우지 말고, 그 행동을 머릿속에 떠올리면서 외워야 한다는 것이다.

eat 동사를 외운다면, 뭔가 먹는 것을 떠올려 보자. 그렇게 해야 나중에 먹는 장면을 상상하면서 말을 할 때도 말이 쉽게 나온다. 그래서 단어는 문장으로 익히라는 것이다. 문장을 외우면 어떤 특정한 상황을 머릿속에 그리기가 쉽다.

- I **walk** on the road every morning.
  나는 **걷는다** 그 길 위를 매일 아침.

- She **drinks** decaf coffee.
  그녀는 **마신다** 무카페인 커피를.

- They **wear** uniforms.
  그들은 **입는다** 제복을.

- James **works** for an electronics company.
  제임스는 **일한다** 전자제품 회사를 위해서 (전자제품 회사에서).

위 예문들을 읽을 때, 여러분은 무엇을 상상했는가? 걷는 것, 마시는 것, 입는 것, 일하는 것을 떠올렸다면 잘 하고 있는 것이지만, 글자를 보면서 해석만 생각했다면, 영어를 접할 때의 시각을 바꿔야 한다. 문장을 읽으면서 어떤 동작을 하는지 전체적인 상황을 상상하면 글자로만 이해하는 것보다 훨씬 도움이 된다.

주의!

동사의 현재형을 해석할 때 주의할 것은 [~ㄴ다]로 끝난다는 것이다.
원형은 [~하다]이지만 문장에서는 현재형 [~ㄴ다, ~한다]로 해석해야 한다.

주어가 3인칭 단수이고, 현재 시제일 때는 동사에 -s/-es를 붙인다. 할리우드 영화를 보면, 동사의 현재형에서 일부러 -s를 빠뜨리고 말하는 경우가 종종 있다.
좋은 것은 아니지만, 그들도 그렇게 쓰는데, 외국인인 우리가 -s, -es를 빼먹었다고 자책하고 자신감을 잃을 이유가 전혀 없다.

be동사와 일반동사의 현재형을 간단히 살펴봤는데, 과거형과 미래형은 시제 부분에서 자세히 다루기로 하자.

영어 어순의 이해

올바른 해석 방법만 알아도 영어가 머릿속에 자리 잡는다

영어는 영어식 어순으로 해석하라

1 기본적으로 알아야 할 것들

우리말에는 말의 위치가 변해도 은/는/이/가/을/를/에게/의 등의 조사가 있어서 단어를 어디에 놓든 의미가 통한다.

- 나는 사과를 좋아한다.
- 사과를 나는 좋아한다.
- 좋아한다 사과를 나는.

좀 어색하기는 해도 뜻을 이해하는 데는 문제가 없다. 그런데 영어는 이런 조사가 없기 때문에 단어가 문장에서 어떤 역할을 하는지 구별할 수 있는 방법이 우리말과는 다르다.

그 다른 방법이라는 것은 **각 말의 위치를 정해 놓은 것**이다. 문장의 맨 앞에 '**주어**'를 쓰고, 주어 다음에는 주어가 어떤 일을 하느냐를 말해주는 '**동사**'를 쓴다. 그 다음에 내용을 좀 더 구체적으로 설명해주는 말들을 붙이는 방식이다.

"나는 사과를 좋아한다."를 영어로 하면 다음과 같다.

- **I like apples.** (나는 좋아한다 사과들을.)

우리가 영어를 어려워하는 것은 이처럼 영어와 우리말의 어순이 다르기 때문이다. 영어 어순이 익숙하지 않아서 의미 파악을 하는데 어려움을 겪으며, 영작이나 회화도 잘 되지 않는다. 그래서 이 책에서는 될 수 있는 한 영어 문장을 우리말로 해석할 때, **영어식 어순대로 해석해 놓았다**. 이렇게 하면 영어 어순을 익히기가 쉽다. 그러므로 "**I like apples.**"는 "**나는 좋아한다 사과들을.**"처럼 해석하는 것이 좋다.

영어는 말의 순서를 바꾸면 의미가 전혀 달라지므로, 영어는 항상 〈S + V + O (주어 + 동사 + 목적어)〉와 같이 정해진 어순에 따라 말하고 써야 한다. 그런데 문제는 영어의 어순을 여러 가지로 분류하여 마치 수학 공식처럼 외우는 것이다. 그렇게 무조건 외우면 영어가 좀처럼 늘지 않고 오히려 더 어려워진다. 기본 순서만 확실히 해두면 된다. 물론 기본 순서조차도 외울 필요가 없을 만큼 쉽게 저절로 된다.

2 5가지 해석 방법

앞장에서 말했듯이 영어는 그 순서에 따라 말의 의미가 달라지는 언어이다. 그래서 기본적인 순서 몇 가지는 알고 있어야 편하게 영어를 익힐 수 있다.

영어는 대개 5개 형식으로 분류하는데, 그중에서 3형식이 가장 중요하다. 3형식은 영어 문장의 대표 형식이며, 다른 형식을 거의 다 포함한다고 볼 수 있다. 사실, **동사**만 결정되면 뒤에 있는 **보어**나 **목적어**는 알아서 들어가기 때문에 3형식만 확실히 알면 되는 것이다.

1 형식	S가 V한다 주어 + 동사	S + V
2 형식	S는 C이다 주어 + 동사 + 주격 보어	S + V + C
3 형식	S가 V한다 O를 주어 + 동사 + 목적어	S + V + O
4 형식	S가 V해준다 I.O에게 D.O를 주어 + 동사 + 간접 목적어 + 직접 목적어	S + V + I.O + D.O
5 형식	S가 V한다 O를 O.C하도록 주어 + 동사 + 목적어 + 목적격 보어	S + V + O + O.C

* **주격 보어** : 주어를 보충해 주는 말.
* **목적격 보어** : 목적어를 보충해 주는 말.

> **POINT!**
>
> 맨 앞에는 〈주어〉, 그 다음에는 〈동사〉.
> **영어는 〈주어 + 동사〉로 시작된다는 것을 꼭 기억하자.**

영어에서 형식을 아는 것이 중요한 이유는, 이 5개의 형식에 단어를 넣기만 하면, 전치사의 도움 없이 서로의 상관관계를 확실히 전달할 수 있기 때문이다. 형식에 맞게 문장을 쓴다면, 그 위치에 단어만 넣으면 된다. 이 형식 안에 단어를 다 넣고도 더 보충하고 싶은 말이 있다면, 전치사의 도움을 받으면 된다.

문장 형식별로 쉬운 예문 하나씩은 꼭 외우는 것이 좋다.

1 형식
I live in Seoul.
나는 산다 서울에.

S + V

* 전치사 다음 부분은 형식에 넣지 않는다. in이라는 전치사가 우리말의 조사 '~에'처럼 '서울에'라는 뜻을 만들어 주기 때문에 형식의 요소로 취급하지 않는다.

2 형식
She is a fashion model.
그녀는 패션모델이다.

S + V + C

* 'S는 C이다'라고 해석한다.

3 형식
I like you.
나는 좋아한다 너를.

S + V + O

4 형식
I sent her a letter.
나는 보내주었다 그녀에게 편지를.

S + V + I.O + D.O

* 어떤 동사들은 '~에게 ...(을)를'이라고 해석한다.

5 형식
She makes me happy.
그녀는 만든다 나를 행복하도록.

S + V + O + O.C

* "그녀는 나를 행복하게 해준다."의 뜻인데 영어의 어순과 느낌에 익숙해지려면 반드시 위처럼 "~도록"으로 해석해야 한다.

> **TIP!**
>
> 5형식 문장은 해석이 다양하게 되는데 다음처럼 알아두면 편하다.
>
> - **She makes me happy.**
>   그녀는 만든다 나를 **행복하도록**.
>
>   S + V + O + O.C
>
>   S가 V한다 O를 O.C 하도록/이도록/되도록/하는/되는
>
> 실제 문장에서는 3형식처럼 자연스럽게 해석하고, 뒤에 오는 말에 [~도록]이라고 붙여 보면 쉽게 해석할 수 있고, 영작도 쉽게 할 수 있다.
>
> **매우 중요한 팁이다.**

3 누구에게 무엇을 준다는 표현 – 수여동사 ⟨~에게 …를⟩

우리말에서는 '에게', '을/를' 등의 조사를 붙여서 말을 만들면 순서가 어떻게 되든 상관없지만, 영어에서는 먼저 오는 말은 '에게', 나중에 오는 말은 '을/를'로 순서가 정해져있는 동사들이 있다. 그래서 순서가 바뀌면, 받는 사람과 주어지는 물건이 뒤바뀌게 된다.

혼동하지 않으려면 다음 순서를 익혀두자.

[4형식 문장]

주어 + 동사 + 간접목적어(**~에게**) + 직접목적어(을/를)

- **I teach the students English.**
  나는 가르쳐준다 **그 학생들에게 영어를**.

- **I sent you an e-mail.**
  나는 보내주었다 **너에게 이메일을**.

- I bought **my friend** **the watch**.
  나는 사주었다 **내 친구에게** **그 시계를**.

위에서 본 것처럼 '**누구에게 무엇을**'이라고 말할 때 쓰는 것이 4형식 문장이다. 4형식 문장은 '누구에게 무엇을 준다'의 의미로 해석되기 때문에, 4형식에 쓰인 동사를 '**수여동사**'(이런 용어를 굳이 외울 필요는 없다.)라고 한다. 이 수여동사는 '**준다**'보다는 '**~해준다**'로 해석하는 것이 좋다.

그러나 꼭 '주다'라는 뜻이 아닌 수여동사도 있으므로 필자는 2목적어동사라고 부르는 게 더 어울린다고 생각한다. '~에게'와 '...을/를'이라는 두 개의 목적어를 가질 수 있으니까.

- I asked **him** **a question**.
  나는 물었다 **그에게** **질문을**.
  * '준다'의 뜻은 아니지만 **2개의 목적어**가 있다.

4 '무엇을 누구에게 준다'로 순서를 바꿀 수도 있다

4형식 문장은 3형식 문장으로 바꿀 수 있다.
3형식 문장은 앞에서 배운 것처럼 〈주어 + 동사 + 목적어(직접목적어)〉이다.
그러므로, 4형식 문장의 직접목적어(을/를)를 앞에 놓으면 된다.

4 형식	I sent **you** **an e-mail**.	S + V + I.O + D.O
	나는 보내주었다 **너에게** **이메일을**.	

3 형식   I sent an **e-mail to** you.   S + V + O
나는 보내주었다 이메일을 너에게.

* 3형식에서는 목적어가 '이메일을'이므로, 뒤에 오는 '너에게'는 강제로 만들어줘야 한다. 그래서 'to you'가 된 것이다.

이런 식으로 4형식과 3형식으로 변환해서 쓸 수 있는 동사들이 있다. 이런 '수여동사'는 4형식에서는 순서대로 넣어주기만 하면 되지만, 3형식으로 바꾸면, 강제로 [~에게]로 만들어줘야 한다. 이때 필요한 전치사가 to, for, of 이다.

▶ **to를 써서 '~에게'로 만들어주는 동사**

직접적으로 상대방에게 뭔가 전달된다는 의미가 있는 동사들.

| give 주다 | send 보내주다 | tell 말해주다 | teach 가르쳐주다 |
| bring 가져다주다 | show 보여주다 | | |

- He **showed me** his new cell phone.
- He **showed** his new cell phone **to me**.
  그는 **보여주었다** 그의 새 휴대폰을 **나에게**.

▶ **for를 써서 '~에게'로 만들어 주는 동사**

간접적으로 상대방에서 뭔가를 해주는 경우의 동사들

| buy 사주다 | find 찾아주다 | get 갖게 해주다 | make 만들어주다 |

- My father **bought me** the books.
⋯▶ My father **bought** the books **for me**.
　　나의 아버지는 **사주었다** 그 책들을 **나에게(나를 위해서)**.

사주는 것은 직접 전달한다는 의미보다는, 돈만 줄 수도 있고, 배달을 시켜주는 식으로 간접적으로 해 줄 수 있다. 해석할 때는 '～에게'라고 해도 되지만, for의 의미를 살려서 '～를 위해서'라고 하면 좋다.

▶ Of 를 써서 '～에게'로 만들어주는 동사

요청의 뜻을 가진 동사들

| ask 물어보다/요청하다 | require 요구하다 | inquire 질문하다 |

- I **asked him** a favor.
⋯▶ I **asked** a favor **of him**.
　　나는 **요청했다** 호의를 **그에게**.

이렇게 동사에 따라서 뒤에 오는 말들이 결정된다. 우리말로 '**누구에게 무엇을**'이라고 쓰는 동사라 하더라도, 영어에서는 그렇게 쓰지 않는 경우도 있다. 이런 예를 자주 만나는 경우가 시험문제에서이다. 그러다 보니, 문법이 어렵다고 생각하게 되는데, 사실은 문법의 문제가 아니고, 그 단어가 가지는 특성 때문이다. 그래서 각각의 단어마다 많이 쓰이는 표현을 익혀 두는 것이 좋다.

5 '~도록'이라고 하면 쉬워진다.

5형식 문장은 '~에게/을/를 …하도록/되도록/이도록'이라고 해석한다. 5형식의 뒤 부분은 '~도록'으로 해석하면 정확하다. 대부분의 독해책이나 문법책에서는 우리말로 좀 더 부드럽게 해석해 놓았지만, 그렇게 하면 다른 문장으로의 응용이 어렵다. '~도록'이라고 붙여서 해석하는 버릇을 들이면 영작을 할 때도 쉽다.

- She makes **me happy**.
  그녀는 만든다 **나를 행복하도록**.

- I asked **them to be quiet**.
  나는 요청했다 **그들에게 조용히 있도록**.

- He had **the watch fixed**.
  그는 시켰다 **그 시계를 고쳐지도록**.
  * 그가 시계가 고쳐지도록 하기 위해서 수리점에 맡겨서 수리를 요청했다는 뜻.

- He made **his son a doctor**.
  그는 만들었다 **그의 아들을 의사로** (의사가 되도록/의사이도록).

- Sad movies always make **me cry**.
  슬픈 영화는 언제나 만든다 **나를 울도록**.
  S   V   O   O.C (목적보어: 목적어를 설명해준다.)

> **주의!**
>
> ### Sad movies always make me cry.
>
> 위 문장을 자연스럽게 해석하려고, "슬픈 영화는 **내가** 울도록 만든다."라고 하면 영어 공부에 도움이 안 된다. **인칭대명사편**에서 배운 대로 me는 반드시 '**나를/나에게**'로 해석해야 한다. 그래야 나중에도 혼동되지 않는다.
> 따라서 "슬픈 영화는 만든다 **나를** 울도록."이렇게 해석해야 한다. 이런 해석이 영어에 맞는 해석이고, 이렇게 해석하는 습관을 들여야 영어의 규칙성을 습득할 수 있다.

5형식은 3형식처럼 해석하고 문장 끝에 오는 목적격 보어를 '하도록/되도록/이도록/하는/되는'이라고만 해석하면 된다.

영어 문장을 접하다 보면 어떤 것이 5형식인지, 4형식인지 구분이 어렵다고 느낄 수 있다. '〈목적어 = 목적보어〉이면 5형식이다'라는 쉬운 팁이 있기는 하지만, 이것은 시험문제를 풀기 위한 팁이지 회화를 위한 팁은 아니다. 굳이 〈목적어 = 목적보어〉라는 것을 생각하면서 말하는 원어민도 없고, 우리도 그렇게 말하지 않는다. 영어를 공식화하여 익히려고 하지 말고, 이 책에 설명된 개념을 올바로 이해하고 많은 문장을 듣고, 읽는 것을 연습하면 영어가 자연스럽게 체화될 것이다.

> **POINT!**
>
> 영어를 우리말에 맞추지 말고, 우리말을 영어에 맞추자!
> 그래야 억지로 외워야 하는 것들을 최소한으로 줄일 수 있고,
> 독해는 물론, 영작과 회화가 쉬워진다.

Chapter 1

7 영어식 어순

어순에 익숙해지기
어순에 익숙해져야 물 흐르듯 해석이 된다

영어와 한국어의 가장 큰 차이는 어순이고, 어순 때문에 영어가 어려운 것이다. 글자로 쓰여 있어서 발음이나 억양, 속도가 전혀 영향을 미치지 않는 문장들조차 해석이 안 되는 경우가 있다. 대부분은 어순이 익숙하지 않아서 해석 순서가 뒤죽박죽이 되는 것이다.

일단, 영어식 어순에 익숙해지는 것이 우선이다. 아래 대화를 잘 보면 영어로 말하는 사람의 머릿속에서 어떤 순서로 말이 나오는지 알 수 있다.

Kate : 그는 좋아한다.
Jack : 뭘?
Kate : 과일을
Jack : 아~ 그는 좋아하는구나 과일을.

Kate : 나는 먹었다.
Jack : 뭘?
Kate : 점심을
Jack : 아~ 너는 먹었구나 점심을.

예문을 보면, Kate가 말할 때 주어와 동사만을 말하니, 당연히 Jack은 '무엇을 좋아하는지', '무엇을 먹었는지'가 궁금해진다.

영어 어순은 이런 식이다. 먼저 주어, 동사를 말해 놓고, 그다음에 궁금한(중요한) 순서대로 붙여주면 된다.

- 그가 **좋아한다**. (뭘?)
- 나는 **먹었다 점심을**. (언제?)
- 나는 **먹었다 점심을**. (어디서?)
- 그녀는 **달린다**. (어떻게?)
- 그녀는 **달린다**. (어디서?)
- 그녀는 **달린다**. (언제?)

 이처럼 주어와 동사를 말하고 나면 동사에 따라서 뒤에 나와야 하는 말들이 자연스럽게 정해지는 것이다. **말문을 트는 데에 중요한 것은 주어와 동사이다**. 주어는 명사나 대명사 이 므로 쉽게 꺼낼 수 있으나, 동사는 변화 형태가 많기 때문에 쉽게 익숙해지기 어렵다.
 말하기나 쓰기를 하기 위해서 '넘어야 할 산'은 동사이다. **동사의 활용을 올바로 이해하고 훈련하면 읽기, 쓰기, 말하기는 미끄러지듯이 갈 수 있다**.

- He likes (fruit).
  그는 좋아한다 (과일을)

- I ate lunch (at 12).
  나는 먹었다 점심을 (12시에)

- I ate lunch (in the restaurant).
  나는 먹었다 점심을 (그 식당에서)

- She runs (fast).
  그녀는 달린다 (빨리)

- She runs (in the park).
  그녀는 달린다 (그 공원에서)

- She runs (everyday).
  그녀는 달린다 (매일)

- **She runs fast in the park everyday.**
  그녀는 달린다 (빨리 그 공원에서 매일)

영어는 가장 중요한 것을 맨 먼저 말하고, 그다음에 세부적인 것들을 덧붙이는 식으로 표현한다.

　우리말은 동사를 맨 뒤에 놓기 때문에 영어의 어순과 많이 혼동된다. 그러나 예문에서처럼 주어와 동사를 맨 앞에 말하는 연습을 하고, 해석도 우리말에 부드럽기보다는 영어식 어순에 맞춰서 다듬어지지 않은 거친 해석을 하면 처음엔 조금 어색해도 영어의 어순에 쉽게 익숙해질 수 있다.

Chapter 1

시제의 중요성

한국 사람은 김치를 먹었잖아요.

시제를 바로 써야 말이 제대로 된다

한국 사람은 김치를 먹었잖아요.

위의 말은 뭔가 어색하다. 예전엔 먹었지만 지금은 안 먹는다는 말인가? 필자의 외국인 친구 중에 대학에서 한국어를 전공하고 한국 기업에서 일하는, 한국어를 꽤 잘하는 친구가 있다. 그런데 그 친구와 이야기하다 보면 원어민인 필자는 좀 어색한 문장을 자주 듣게 된다.

- 어제는 사장님 **만나요.** ⋯➔ **만났어요.**
- 한국 사람은 김치를 많이 **먹었잖아요.** ⋯➔ **먹잖아요.**
- 내일은 회사에 새 직원이 **들어오겠어요.** ⋯➔ **들어올 거예요.**

여러분은 한국어 원어민 입장에서 위 예문을 읽어본 느낌이 어떠한가?
예문에서 가장 눈에 띄게 틀리는 부분들이 어떤 부분인지 쉽게 느껴질 것이다. 혹시 영어를 배우는 우리도 같은 실수를 하고 있지는 않을까?

그는 한국어를 전공하고 한국 기업에 다니는 친구지만 동사 부분, 그중에서도 **시제** 부분에서 잘못된 표현을 자주 사용한다. 이런 현상은 영어를 배우는 우리도 마찬가지다. 동사, 특히, 시제를 다들 어려워한다. 시제를 잘 이해하고 있다 하더라도 시제를 제대로 구사하는 사람은 아주 드물다. 시제가 특별할 것이 없다고 생각하거나 자신은 시제를 제대로 이해하고 있다고 생각하는 사람들이 많다. 그러나 시제를 제대로 이해하고 있는 사람도 많지 않고, 시제를 문장에서 제대로 구사하는 사람은 더욱 찾아보기 힘들다.

동사 중에서도 **시제**를 잘 이해하고 있고 제대로 구사할 수 있다면, 그는 그 언어가 이미 유창한 사람이거나 곧 유창해질 사람이라고 해도 틀린 말이 아닐 것이다.

아무리 해도 영어가 안 되는 분들이나, 영어가 중급에 머물러서 더 이상 진전이 없는 분들은 동사와 시제를 정확히 이해하고 있지 못할 가능성이 높다.

동사만 넘어 서면 그다음은 쉽게 해결할 수 있는데, 어지간한 영어 교재에서는 시제를 너무 소홀히 다뤄서 학습자들이 동사의 중요성을 제대로 이해하기가 힘들었다. 능동태 시제를 일부만 다루는 경우도 많고, 수동태 시제를 제대로 다루는 경우는 거의 없어 실제 회화에서는 수동태를 제대로 쓰는 사람을 만나기 힘들 정도이다.

미국 초등학교 교과서를 보면, 쉬운 문법으로 된 표현부터 나오는 것이 아니고, 첫 단원부터 수동태가 나오고 완료시제가 나온다. 의미 전달을 하기 위해서는 수동태와 완료시제 등 우리가 어려워하고 잘 다루지 않는 시제들도 필수적으로 쓰이기 때문이다.

동사의 활용이 얼마나 중요한지 예를 들어 보자.

- 나는 **보는 중이다** TV를.
- 그는 **만날 것이다** 그녀를.
- 그 공원은 **지어진 상태이다** 제주도에.

위에서 보는 것처럼 주어와 목적어는 어려울 것이 없다. 그에 비하여 동사 부분은 변화가 심하여 이해하기도 까다롭지만, 실제로 사용하는 것은 더욱 어렵게 느껴진다. 주어를 말하고 동사에서 막힌다면, 목적어는 말할 기회조차 생기지 않는 셈이다. 그러니 말이 입에서만 맴돈다.

위 예문을 영어로 바꿔보자.

- I **am watching** TV.
- He **will meet** her.
- The park **has been built** on Jeju island.

위 예문에서 가장 어려운 부분은 역시 **동사의 변화** 부분이다. 영어 학습자가 배워야 할 영문법은 그렇게 많지도 않고, 그리 어려울 것도 없다. 다만, 연습이 부족할 뿐이다.

그러나 영문법의 동사 부분, 특히 동사의 시제는 개념 정리를 확실히 해야 하며 제대로 연습해야 한다. 동사가 to부정사나 동명사, 분사로 변하는 것은 이해하기 쉽고, 응용하기도 어렵지 않다.

물론, 기존 영문법에서는 부정사나 동명사, 분사도 매우 어렵게 다루고 있지만 원래는 어렵지 않다.

이 책에서는 시제 부분을 비중 있게 다루고 있다. 다음 장부터 펼쳐지는 시제의 개념과 연습을 차근차근 이해하고 설명대로 연습해 보면 동사와 시제를 쉽고 확실하게 이해할 수 있을 것이다.

이 책에서는 영어의 모든 시제를 다룬다. 일상에서 자주 쓰이지 않는 시제들까지도 모두 다룬다. 자주 쓰지 않는 시제까지 다루는 이유는, 전체 시제를 다루지 않고 일부만을 공부한 결과 시제만 나오면 막연한 두려움과 불편함을 갖게 되었기 때문이다.

전체 시제를 편한 마음으로 읽어 나가면서 이해를 하면, 잘 쓰지 않는 시제라도 어렵지 않게 이해하고 개념을 정리할 수 있다. 그러면, 영어로 된 신문이나 잡지, 소설 등에서나 가끔 등장하는 어려운 시제라고 하더라도 쉽게 이해할 수 있을 것이다.

Chapter 2

시제는 영어의 핵심이다

미리알기 | 동사와시제 | 수동태 | 길게만들기 | 유창한표현 | 외울것들 | 부록

1

단순한
현재, 과거, 미래 시제

한다, 했다, 할 것이다

1 단순현재시제 - 어제, 오늘, 내일에 관계없이 언제나 그렇다

잭은 오랜만에 친구 마이크를 만났다. 그동안 어떻게 지냈는지도 궁금하지만 지금 뭘 하면서 살고 있는지도 궁금하다.

- **Jack** : Hi Mike, how are you?
  Hi 마이크, 어떻게 지내?

- **Mike** : Hi Jack, I'm fine.
  잭, 잘 지내지.

- **Jack** : What **do** you **do**?
  (요즘은) 뭐 해?

- **Mike** : I **go** to college.
  대학에 다녀.

현재시제는 어제, 오늘, 내일을 한꺼번에 포함해서 언제나, 요즘은, 종종 이런 말들이 생략된 표현이라고 보면 된다. 우리말로 표현할 때는 '~ㄴ다'로 해석한다.

그러므로 위의 표현에서는 뭐 하냐는 잭의 물음에 '다닌다'라고 답하는 것이 가장 알맞은 표현이다.

영어의 현재형은 동사원형이거나 주어가 3인칭 단수일 때는 동사원형에 -s, -es를 붙여서 표현한다. 그리고 '~한다'로 해석한다.

단순시제의 모양을 간단히 표로 알아보자.

동사원형 **work**	과 거	현 재	미 래
	work**ed**	**work** **works**	**will** work
	일했다	일한다	일할 것이다

Chapter 2

현재시제 독해연습

※ 현재시제는 항상 '~ㄴ다'로 끝난다.

1. The moon **goes** around the earth.
   ···▶ 달은 지구 주위를 돈다. (불변의 진리에는 당연히 우리말도 현재형을 쓴다. 당연한 것을 문법 규칙으로 외울 필요는 전혀 없다.)

2. She **wears** skirts.
   ···▶

3. I **ride** my bicycle on Sundays.
   ···▶

4. I **walk** on the yellow brick road every morning.
   ···▶

5. We always **have** a great time in the park.
   ···▶

6. They sometimes **sit** by the window.
   ···▶

7. She **eats** a lot at parties.
   ···▶

8. He **goes** to the movies with his girlfriend every Saturday.
   ···▶

9. He **reads** a book every night.
   ···▶

10. I **draw** a picture on Wednesdays.
    ···▶

현재시제 영작연습

1 달은 지구 주위를 **돈다**.

   The moon _____ around the earth.

2 그녀는 스커트를 **입는다**. (여기까지는 한국어 어순)

   She _____ skirts.

3 나는 **탄다** 나의 자전거를 일요일마다. (여기부터는 영어 어순에 익숙해지자.)

   I _____ my bicycle on Sundays.

4 나는 **걷는다** 노란 벽돌 길을 매일 아침.

   I _____ on the yellow brick road every morning.

5 우리는 항상 **갖는다** 멋진 시간을 그 공원에서.

   We always _____ a great time in the park.

6 그들은 가끔 **앉는다** 창문 옆에.

   They sometimes _____ by the window.

7 그녀는 **먹는다** 많이 파티에서는.

   She _____ a lot at parties.

8 그는 **간다** 영화관에 그의 여자 친구와 매주 토요일.

   He _____ to the movies with his girlfriend every Saturday.

9 그는 **읽는다** 책을 매일 밤.

   He _____ a book every night.

10 나는 **그린다** 그림을 수요일마다. (나는 수요일마다 그림을 그린다.)

   I _____ a picture on Wednesdays.

2 단순과거시제 – 이미 지난 일을 말하고 싶다

과거시제는 과거에 있었던 일을 말할 때 쓴다. 역사적 사실은 과거에 있었던 일이기 때문에 당연히 과거형으로 표현한다. 보통 "콜럼버스가 아메리카를 발견했다."라는 사실을 미래형이나 현재형으로 말하는 경우는 거의 없다. 물론 다큐멘터리에서 현장감을 주려고 현재형으로 말할 때가 있는데 그런 경우는 우리말에서도 마찬가지이므로 영어만의 특별한 규칙이 아니다. 시제의 부수적인 쓰임을 외우기보다는 시제를 개념적으로 이해하면 훨씬 자연스럽게 익힐 수 있다.

영어의 과거형은 보통 '동사원형 + ed'로 표현하고 '~했다'라고 해석한다. 간단한 해석이지만 의외로 '~했었다'라고 잘못 해석하는 사람들이 많다. 불규칙동사의 경우는 외워야 하는데, 뒤에 나오는 설명을 이해한 후에 외우기 바란다.

- **Jack** : I **worked** hard yesterday.
  나 어제 열심히 **일했어**.

- **Mike** : What happened? You usually don't work hard.
  무슨 일 있었어? 너 보통은 열심히 일하지 않잖아.

- **Jack** : I had lots of things to do.
  할 일이 아주 많았거든.

- **Mike** : I hope you will have a nice weekend.
  너 정말 좋은 주말 보내면 좋겠다.

동사원형 work	과 거	현 재	미 래
	work**ed**	work works	**will** work
	일했다	일한다	일할 것이다

규칙동사의 경우는 '-ed'를 붙이거나, e가 있을 경우에는 '-d'만 붙여서 표현한다.

동사에 따라 다르므로 각각의 단어를 익혀두는 게 중요하지만, 일단은 두 가지의 형태가 있다는 것만 알아두자.

* 동사의 과거형은 규칙동사와 불규칙동사가 있는데, 규칙동사는 위의 경우처럼 변화되고, 불규칙동사는 각각의 형태가 다르므로 각각 외워야 한다. (부록 1 참조)

I **worked** hard yesterday.

POINT!

[~ 했었다 = used to ~] 과거의 습관적 행위로 현재는 더 이상 하지 않는다는 뜻이 들어 있는 표현이므로, 과거시제는 절대 '~했었다'로 해석하지 말고, 반드시 '~했다'로 해석하기 바란다.

어제 친구를 만났다. (O)
어제 친구를 만났었다. (X) – 어제는 습관적으로 친구를 만날 수 없음

어릴 때 옆집에서 놀았다. (O) – 단순히 어릴 때 얘기, 지금은 어떤지 알 수 없음
어릴 때 옆집에서 놀았었다. (O) – 어릴 때는 종종 놀았지만, 더 이상은 옆집에서 놀지 않는다는 뜻

Chapter 2

과거시제 독해연습

※ 과거시제는 '～ㅆ다'로 끝난다.

1. Last year John **won** a gold medal for the first time.
   ···▶ 지난해 John은 **땄다** 금메달을 처음으로..

2. I **visited** Sokcho last summer.
   ···▶

3. We **went** fishing but we didn't catch many fish.
   ···▶

4. He **smelled** something nice.
   ···▶

5. I **saw** her talk with her friends.
   ···▶

6. There **were** a few people in the church.
   ···▶

7. It **was** so touching that I **cried**.
   ···▶

8. I **studied** English for nine months last year.
   ···▶

9. He **came** home just now.
   ···▶

10. Columbus **discovered** America in 1492.
    ···▶

과거시제 영작연습

1 지난해 존은 **땄다** 금메달을 처음으로.

Last year John _____ a gold medal for the first time.

2 나는 **방문했다** 속초를 지난여름에.

I _____ Sokcho last summer.

3 우리는 **갔다** 낚시를 그러나 우리는 잡지 못했다 많은 물고기를.

We _____ fishing but we didn't catch many fish.

4 그는 **냄새 맡았다** 뭔가 좋은.

He _____ something nice.

5 나는 **봤다** 그녀를 그녀의 친구들과 말하는. (나는 그녀의 친구들과 말하는 그녀를 봤다.)

I _____ her talk with her friends.

6 **있었다** 약간의 사람들이 그 교회에. (약간의 사람들이 그 교회에 있었다.)

There _____ a few people in the church.

7 그것은 꽤 감동적**이었다** 그래서 나는 **울었다**.

It _____ so touching that I cried.

8 나는 **공부했다** 영어를 9개월 동안 지난해에.

I _____ English for nine months last year.

9 그는 **왔다** 집에 방금.

He _____ home just now. (just now: 방금. 바로 조금 전이므로 과거이다.)

10 콜럼버스는 **발견했다** 아메리카를 1492년에.

Columbus _____ America in 1492.

63

3 단순미래시제 – 앞으로 할 일을 말하고 싶다

영어로 미래시제를 표현하는 방법은 여러 가지가 있다. 일단은 가장 기본적인 will을 이용해서 표현하는 것을 이해하도록 하자. 영어에는 동사 자체의 미래형이 없으므로 미래를 표현할 수 있도록 도와주는 말이 필요하다.

동사 앞에서 도와주는 말을 조동사라고 한다.
미래시제를 표현하는 가장 기본인 will을 이해함으로써 다른 조동사들도 쉽게 이해할 수 있다.

- **Jack** : What do you want to do for a living?
  직업으로는 무슨 일을 하고 싶어?

- **Mike** : I want to be a professor. I **will teach** students English.
  난 대학교수가 되고 싶어. 학생들에게 영어를 가르칠 거야.

- **Jack** : Then, you should study hard.
  그러면, 공부 열심히 해야겠네.

- **Mike** : Yes, I know.
  응, 알아.

미래시제는 기본적으로 will + 동사원형으로 표현한다.
조동사 다음에는 무조건 동사원형이 온다. Will이 아닌 어떤 조동사라도 뒤에는 무조건 동사원형이 온다는 것을 기억해 두기 바란다.

will + 동사원형은 ~할 것이다, ~일 것이다로 해석한다. will을 항상 이렇게 해석하면 will과 미래시제의 개념이 생긴다.

동사원형	과거	현재	미래
like	liked	like likes	will like
	좋아했다	좋아한다	좋아할 것이다

* will을 '~할 거야'처럼 부드러운 우리말로 해석하는 경우가 있다. 시제를 완전히 이해한 후에는 그렇게 써도 되지만, 그 전에는 '~할 것이다'라고 해석해야만 다른 문장에서 혼동하지 않는다.

Chapter 2

미래시제 독해연습

※ ~일 것이다, ~할 것이다

1. We **will go** on a picnic next week.

2. She **will wear** a skirt today.

3. My parents **will visit** Jeju island in May.

4. Next April, I **will teach** English to my children.

5. He **will wait** there till I come back.

6. I **will travel** to America next spring.

7. I **will do** my best.

8. I **will see** you at your office.

9. She **will be** fourteen next year.

10. The boys **will be happy** when school is over.

미래시제 영작연습

1 우리는 **갈 것이다** 소풍을 다음 주에.

We _____ on a picnic next week.

2 그녀는 **입을 것이다** 스커트를 오늘.

She _____ a skirt today.

3 나의 부모님들은 **방문할 것이다** 제주도를 5월에.

My parents _____ Jeju island in May.

4 다음 4월에, 나는 **가르쳐줄 것이다** 영어를 나의 아이들에게.

Next April, I _____ English to my children.

5 그는 **기다릴 것이다** 거기서 내가 돌아올 때까지.

He _____ there till I come back.

6 나는 **여행할 것이다** 아메리카를 이번 봄에.

I _____ to America next spring.

7 나는 **할 것이다** 나의 최선을. (나는 최선을 다할 것이다.)

I _____ my best.

8 나는 **볼 것이다** 너를 너의 사무실에서.

I _____ you at your office.

9 그녀는 **될 것이다** 14살이 내년에.

She _____ fourteen next year.

10 그 소년들은 **행복할 것이다** 학교가 끝나는 때에. (when과 미래표현은 뒤에서 자세히 설명함)

The boys _____ when school is over.

be동사의 정체

be동사의 뜻은 [이다]와 [있다]라는 것을 반드시 알자

동사 중에서도 언제나 가장 혼동되고, 가장 변형이 많고, 가장 중요한 be동사에 대해서 정확하게 알아야 한다. be동사는 동사라는 이름을 가지고 있지만 움직임을 나타내는 말이 아니다. 있는 그대로의 상태를 설명하는 말이다.

그래서 뜻도 이다, 있다일 뿐 '뭔가를 한다'는 움직임을 의미하지는 않는다. be동사는 이미 너무 많이 배웠다고 생각할 수도 있지만 올바르게 이해해 놓지 않으면 뒤에 나오는 시제들을 이해하기 어려우므로 건너뛰지 말고 이번 장에서 다시 한 번 확인하기 바란다.

1 be동사의 현재형

be동사의 현재형은 am, is, are 세 가지이지만, 뜻은 다 똑같다.
세 형태 모두 이다, 있다라는 뜻이다.

- I **am** a student
  나는 학생**이다**. (주어가 '나'일 때)

- She **is** a student.
  그녀는 학생**이다**. (주어가 '3인칭단수'일 때)

- They **are** students.
  그들은 학생들**이다**. (주어가 '복수', '2인칭'일 때)

- I **am** in the garden.
  나는 정원에 **있다**.

- She **is** in the garden.
  그녀는 정원에 **있다**.

- They **are** in the garden.
  그들은 정원에 **있다**.

* be동사 다음에 전치사와 함께 장소가 오면 '있다'라는 뜻이 된다.

2   be동사의 과거형

be동사의 과거형은 was, were 두 가지이고 뜻은 모두 이었다, 있었다이다.

- I **was** a student.
  나는 학생**이었다**.

- She **was** a student.
  그녀는 학생**이었다**.

- They **were** students.
  그들은 학생들**이었다**.

- I **was** in the garden.
  나는 정원에 **있었다**.

- She **was** in the garden.
  그녀는 정원에 **있었다**.

- They **were** in the garden.
  그들은 정원에 **있었다**.

3 be동사의 미래 표현

영어에서 동사의 미래형은 따로 없어서 미래를 나타내려면 언제나 조동사의 도움이 필요하다고 앞 장에서 배웠다. 미래를 표현하는 여러 가지 방법이 있지만, 가장 기본이 되는 조동사 will을 이용해서 표현해보자.

예를 들어, "지금은 어린아이지만 1년 뒤에는 학교에 다닐 것이다."를 아래처럼 말할 수 있을 것이다.

- I **will be** a student.
  나는 학생**일 것이다**. (1년 뒤 미래에)

- She **will be** a student.
  그녀는 학생**일 것이다**. (1년 뒤 미래에)

- They **will be** students.
  그들은 학생들**일 것이다**. (1년 뒤 미래에)

* 조동사 다음에는 동사원형을 써야 하므로 여기서는 will 다음에 무조건 be만 쓰인다.

대화중에 위의 말들이 나왔다면 이해가 쉽겠지만, 문장 하나만 놓고 이해하려니까 좀 명확하지 않다. 그래서 미래에 대한 말을 할 때는 미래를 나타내는 다른 표현을 함께 쓴다.

- I **will be** a student 1 year from now.
  나는 학생**일 것이다** 1년 뒤에는.

- I **will be** in the garden 1 hour from now.
  나는 정원에 **있을 것이다** 1시간 뒤에는.

- She **will be** in the garden at 2 p.m.
  그녀는 정원에 **있을 것이다** 오후 2시에는.

- They **will be** in the garden tomorrow.
  그들은 정원에 **있을 것이다** 내일은.

주의!

우리말에서는 "그녀가 정원에 있을 것이다."를 추측 표현으로도 사용할 수 있지만, 영어에서는 미래와 추측을 다르게 표현하므로 주의해야 한다.

1시간 뒤에는 그녀가 정원에 **있을 것이다**. (미래)
⋯▶ **1 hour later**, she **will be** in the garden.

지금 현재, 그녀가 정원에 **있을 것이다**. ⇦ 이건 미래가 아니고 추측이다
⋯▶ 그녀가 정원에 있을지도 모른다. ⇨ She **may be** in the garden.
⋯▶ 그녀가 정원에 있는 게 틀림없다. ⇨ She **must be** in the garden.

be동사를 한눈에 볼 수 있도록 정리해 보자.

과 거	현 재	미 래
was	am	will be
	is	
were	are	
~이었다	~이다	~일 것이다
있었다	있다	있을 것이다

빈칸을 채워보자.

과 거	현 재	미 래
was	am	will be
	is	
were	are	
	~이다	

이번에는 전체를 채워보자.

과 거	현 재	미 래

* be 동사의 뜻을 정확히 알고 있어야 한다. 나중에도 그 뜻 그대로 쓰이게 되므로.

4 be동사는 언제 쓰일까?

앞에서 배운 것처럼 ~이다라고 말할 때와 ~있다에 쓰인다. 그 중에서도 다양하게 쓰이는 뜻은 ~이다이다. good, pretty, beautiful 등은 원래 형용사이다. 사물의 상태를 설명하는 말이다. 원래 형용사는 우리말의 '~ㄴ'으로 끝나게 된다. 그러면 이 세 단어의 뜻은 뭘까? '좋은, 예쁜, 아름다운'이다.

- **good** present
  좋은 선물

- **pretty** girl
  예쁜 소녀

가끔 사람들 중에는 형용사만 가지고도 '좋다, 예쁘다, 아름답다'라고 생각하는 경우가 있는데, 그렇게 해석하면 be동사가 왜 있어야 되는지에 대한 개념이 없어진다.

좋은 + (이)다 = 좋다가 되고,
예쁜 + (이)다 = 예쁘다가 된다.

good만 가지고 좋다는 표현을 하기도 하는데 그것은 생략된 표현이라서 그런 것이고, 원래는 '좋다'라고 말하려면 '이다, 다'의 뜻을 가진 be동사가 함께 있어야 한다.

- It **is** good.
  좋다.

이렇게 be + good 형태가 되어야 '좋다'라는 뜻이 된다.

- She **is pretty**. (O)   ▶   She **pretty**. (X)
  그녀는 예쁘다.   그녀는 예쁜.

- They **are beautiful**. (O) ▶▶ They **beautiful**. (X)
  그들은 **아름답**다.   그들은 **아름다운**.

형용사는 be동사가 있어야 '어떠하다'라는 뜻이 된다. 물론 원래 동사인 단어들은 당연히 be동사를 붙일 필요가 없다. 예를 들면 'eat'는 원래 '먹다'의 뜻이니까. be동사가 필요 없다.

POINT!

형용사는 '~ㄴ'으로 끝나는 말이다. **형용사를 암기할 때는 '~ㄴ'으로 끝나는 말로 외워야 한다.** 'pretty: 예쁜', 'beautiful: 아름다운' 이렇게 외워놓아야 **서술형문장이 되려면 be동사가 필요하구나**라는 생각이 저절로 들게 된다.

만약 'pretty'를 '예쁘다'로 외워놓는다면, be동사가 빠졌을 때 어색하다는 느낌이 전혀 들지 않게 된다.

한번 외울 때 올바르게 외워놓으면 바른 어법이 저절로 느껴지게 된다.

Chapter 2

3 현재 · 과거 · 과거분사

〈동사의 3단 변화〉는 잘못된 개념이다
동사는 V6, 즉 6가지 형태가 다 중요하다

1 동사 변화의 정체

중·고등학교를 거치면서 수 없이 듣고 외웠던 것이 있다. '동사의 3단 변화'. 언젠가부터 우리 머릿속에는 영어의 동사는 3단으로 변하고, 과거분사는 우리말에는 없는 말처럼 생각하고 해석도 하지 않고 그냥 외워왔다.

마치 영어는 과거 이전의 다른 표현이 있는 것처럼.
그러나 그것은 잘못된 개념이다.

동사의 '현재형', '과거형'은 각각 '한다', '했다'라고 해석하면 된다. 그럼 과거분사는 어떻게 해석할까? 과거분사를 해석하라고 하면 거의 대부분 과거분사는 해석하지 않고, '어떤 동사의 과거분사'라고만 답하는 경우가 많다.

다음의 설명을 보면 혼동되던 것들이 명확해질 것이다. 다음 '나무 그림'을 보자.

나무가 한 그루 있는데, 가을이다.
그래서 사과들이 매일 떨어진다.
사과들은 다음처럼 3가지 종류가 있다.

- 떨어질 사과들

  apples to fall

  (to부정사는 뒤에서 꾸며 줌)

- 떨어지는 중인 사과들

  falling apples

  (falling = 현재분사)

- 언제였는지 몰라도 이미

  떨어진 사과들

  fallen apples

  (fallen = 과거분사)

현재분사란 '현재 어떤 일이 일어나고 있는 상태를 나타내 주는 말'이다. 'falling apples'에서 falling이 현재분사인데, apples 앞에 형용사처럼 쓰여 사과들이 현재 나무에서 떨어지고 있는 상태임을 나타내 주고 있다. 이처럼 현재의 동작 상태를 설명하기 위해 동사에 -ing를 붙여 만든 것이 현재분사이다. 원래 형용사는 아닌데 현재의 동작 상태를 설명하기 위해 동사를 변화시켜 형용사처럼 명사(사과들:apples)를 꾸며주고 있다.

과거분사란 '과거에 일어난 일을 설명해주는 말'이다. 'fallen apples'에서 fallen이 과거분사인데, apples 앞에 형용사처럼 쓰여 사과들이 현재 나무에서 떨어진 상태임을 나타내 주고 있다. 이처럼 과거에 일어난 일을 설명하기 위해 동사에 -ed를 붙여 만든 것이 과거분사이다.

(이 장을 반드시 이해한 후, 규칙적으로 -ed를 붙이는 동사가 아닌 불규칙 동사들은 이 책의 부록을 참조하여 외우도록 한다.)

- **현재분사** : 원래는 동사인데 **현재 일어나는 일을 표현**하기 위해 만들어진 형용사 형태.
- **과거분사** : 원래는 동사인데 **과거에 일어난 일을 표현**하기 위해 만들어진 형용사 형태.

현재분사나 과거분사를 우리말로는 아래와 같이 해석한다.

- **현재분사** ⋯▸ ~하는, ~하는 중인
- **과거분사** ⋯▸ ~한, ~된, ~진, ~되어진, ~되어 버린

위에서 보면 과거분사는 여러 가지로 해석되는 것 같지만 다 같은 뜻이며, 그때그때 적당하게 저절로 해석하게 된다.

위에서 falling apples는 '떨어지는 중인 사과들' 또는 '떨어지는 사과들'이고, fallen apples는 '떨어진 사과들'로 해석하면 된다.

이와 같은 동사의 변화 규칙을 표로 정리하여 V6 English 동사변화표를 만들었다. 이 표를 이해하는 것만으로도 문장 만들기의 가장 중요한 열쇠를 가지게 된다.

<V6 English 동사변화표>

	과거	현재	미래
동사형태 [~다]	fell	fall (동사원형) falls	will fall
	떨어졌다	떨어진다	떨어질 것이다
	과거분사	현재분사	to 부정사 (형용사 용법)
형용사형태 [~ㄴ] 미래는 [~ㄹ]	fallen	falling falls	to fall
	떨어진	떨어지는 떨어지는 중인	떨어질

색이 칠해져 있는 부분이 우리가 그 동안 〈동사의 3단변화〉라고 무작정 외웠던 부분이다. 표에서 보는 것처럼 불규칙으로 변화하는 부분이 '과거'와 '과거분사'이므로, 〈동사원형-과거-과거분사〉 형태로 외웠던 것이다. 위의 표를 보면, 동사는 6가지 형태의 변화 형태가 있다는 것을 확인할 수 있다. 그래서 V6라는 이름을 붙였다. 위와 같이 동사변화의 관계 6가지를 모두 아는 상태에서 과거형과 과거분사형을 외우기 바란다.

현재분사, 부정사, 미래 시제는 규칙적으로 변하니까 굳이 외우지 않아도 되었고, 불규칙 부분만 달랑 떼어서 외우다 보니 과거분사는 과거 이전의 어떤 특별한 것이라고 많은 사람들이 오해하기 시작했다.

잘못된 개념이 만들어져서 더욱 어렵게 돼 버린 영어를 이제 바로잡는다.

과거분사와 현재분사는 동사를 변형시켜 형용사 역할을 하는 형용사 형태라고 확실히 알아두기 바란다.

동사가 〈동사원형→과거→과거분사〉 식으로 3단 변화한다는 개념은 잘못된 것이다.

그리고 과거분사와 현재분사를 문장에서 만나면 대충 해석하고 넘어가지 말고 정확하게 해석하는 연습을 해야 한다. **우리말 뜻**을 정확히 알고 있는 것은 매우 중요하다. 독해를 할 때도 해석을 대충 하고 넘어가면, 영어실력이 절대 늘지 않는다. 이런 연습이 잘되어 있어야만, 말하거나 쓰고 싶을 때 쉽게 구사할 수 있으며, 이것이 바탕이 되어 응용의 단계까지 나아갈 수 있다. 해석을 정확히 하는 연습을 하다 보면, 과거분사와 현재분사의 개념이 잡히고, 나중에는 굳이 일일이 해석을 하지 않아도 이해도 되고 말도 할 수 있게 된다.

동사의 6가지 변화 형태를 확실히 익혀두자. 아래 표의 빈칸을 채워보자.

<V6 동사변화표   Fall : 떨어지다>

	과 거	현 재	미 래
동사형태 [~다]	fell	fall (동사원형) falls	will fall
		떨어진다	떨어질 것이다

	과거분사	현재분사	to 부정사 (형용사 용법)
형용사형태 [~ㄴ] 미래는 [~ㄹ]	fallen	fall**ing** falls	to fall

2 6가지 동사 변화의 쓰임 – V6

▶ **동사 형태로 쓰일 때**

현재 ⋯▸ Many leaves **fall** in October.
　　　　　많은 나뭇잎들이 **떨어진다** 10월에는.

과거 ⋯▸ Many leaves **fell** last month.
　　　　　많은 나뭇잎들이 **떨어졌다** 지난 달에는.

미래 ⋯▸ Many leaves **will fall** next month.
　　　　　많은 나뭇잎들이 **떨어질 것이다** 다음 달에는

▶ **형용사 형태로 쓰일 때**

아래는 분사와 부정사를 넣은 표현이지만 동사는 are[있다]를 썼으므로 모두 현재 시제이다. 여기서 분사와 부정사는 시제를 나타내는 것이 아니고 나뭇잎의 상태를 나타내 주기 위한 말일뿐이다.

현재분사 ⋯▸ There are many **falling** **leaves** on windy days.
　　　　　많은 **떨어지는 나뭇잎들이** 있다 바람 부는 날에는

과거분사 ⋯▸ There are many **fallen** **leaves** under the tree.
　　　　　많은 **떨어진 나뭇잎들이** 있다 그 나무 아래에는

to부정사 ⋯▸ There are many **leaves** **to fall** on the tree.
　　　　　많은 **떨어질 나뭇잎들이** 있다 그 나무에는

* 위 문장의 to부정사(to fall)는 형용사 역할을 하고 있으므로 to부정사의 형용사적 용법이라 한다. '~할' 로 해석한다.

* 영어는 꾸며주는 말이 뒤에 오는 것이 더 자연스러운 표현이므로 to fall이 뒤에 있어도 어색한 표현이 아니다.

동사 중에는 형태는 변하지 않지만 뜻과 쓰임만 변하는 것들이 있다.

<V6 동사변화표   Cut : 자르다>

동사형태 [~다]	과 거	현 재	미 래
	cut	cut (동사원형) cuts	will cut
	잘랐다	자른다	자를 것이다

형용사형태 [~ㄴ] 미래는 [~ㄹ]	과거분사	현재분사	to 부정사 (형용사 용법)
	cut	cutting	to cut
	자른	자르는	자를

cut은 동사원형, 과거, 과거분사의 모양이 모두 똑같다. 그러나 쓰임에 따라서 해석은 각각 다르다. [자른다, 잘랐다, 자른]이라고 해석해야 한다. 다른 해석을 어떻게 구분하는지는 문장을 접하다 보면 자연스럽게 익혀진다.

(다른 단어는 부록 참조)

<V6 동사변화표   Be : 이다, 있다>

동사형태 [~다]	과 거	현 재	미 래
	was were	am is are	will be
	이었다/있었다	이다/있다	일 것이다/ 있을 것이다

형용사형태 [~ㄴ] 미래는 [~ㄹ]	과거분사	현재분사	to 부정사
	been	being	to be
	이었던/있었던	~인/~있는	~일/~있을

<V6 동사변화표   Do : 하다>

동사형태 [~다]	과 거	현 재	미 래
	did	**do** **does**	**will do**
	했다	한다	할 것이다

형용사형태 [~ㄴ] 미래는 [~ㄹ]	과거분사	현재분사	to 부정사
	done	**doing**	**to do**
	한/된	하는, 하는 중인	할

특히 be동사와 do동사의 변화는 반드시 외워두어야 한다. 외울 것을 최소화했지만, 이것만큼은 완벽히 외워야 모든 시제를 쉽게 이해할 수 있다. 빈 종이에 이 표를 그려서 빈칸 채우기 연습을 해보는 것도 좋다.

4 진행시제 만들기

현재분사와 be동사

현재분사와 be동사를 합치면 [~중 이다]가 된다

현재분사는 '~하는 중인', '~하는'으로 앞장에서 배웠다. Be동사는 '~이다'라는 것도 배웠다. 또 형용사 good의 뜻은 '좋은'인데, 이것을 '좋다'로 바꾸려면, 〈좋은 + 이다 = 좋다〉이므로 〈be + good = 좋다〉가 된다는 것도 확실하게 이해했을 것이다.

그러면 '~하는 중인'이라는 현재분사를 '~하는 중이다'로 만들려면 어떤 말을 붙여주면 될까? 바로 be동사이다. 현재분사 '~하는 중인'에 be동사를 붙이면 '~하는 중이다'의 뜻이 된다.

앞의 나무 그림의 사과들을 다시 한 번 보자. 이 중에서 '떨어지는 사과들'은 현재분사 falling을 써서 'falling apples'로 표현한다고 배웠다. 그러면 사과들이 떨어지는 중이다 라는 문장은 어떻게 만들면 될까?

사과들이 **떨어지는 중**이다.
The apples are   falling.
　　　　　　이다　+　떨어지는 중인
　　　　　= 떨어지는 중이다

현재분사 앞에 be동사를 붙이면 '~하는 중이다'가 된다.

이것을 '진행시제'라고 한다. 해석은 반드시 '~하는 중이다'라고 하는 습관을 들여야 말을 하거나 영작을 할 때 틀리지 않는다. '~하고 있다'라고 해도 되지만 그러면 나중에 다른 시제와 연결할 때 잘 맞지 않고 영작을 할 때 틀리는 경우도 많다. 그러므로 반드시 '~하는 중이다'라고 익혀두자.

83

Chapter 2

5 진행시제

그 순간에 하고 있는 것만 말할 때
딱 그 순간에 하고 있는 것을 말하는 것이 진행시제이다

내가 집에서 TV를 보고 있는데 친구한테서 전화가 왔다. 친구가 나에게 뭐 하고 있는지 물어본다. 그 친구가 미국인이라면 어떻게 물을까?

A. 너 뭐 하냐?
B. 너 뭐 하고 있냐?
C. 너 뭐 하는 중이냐?

정답은 C이다. 영어를 쓰는 사람들은 100% "너 뭐 하는 중이냐?"라고 말을 한다.

너 뭐 하는 중이냐? = What are you doing?

우리말로는 오히려 A나 B가 더 자연스럽다. 그렇지만, A나 B를 영어로 해보면 What do you do?가 되는데, 이 말은 '직업으로 매일 하는 일'을 물어보는 말이다. 그러므로 What are you doing? 같은 문장이 나오면 "너 뭐 하는 중이냐?"라고 정확하게 해석해야지 "너 뭐 하냐?"는 식으로 넘어가면 안 된다. 우리가 미국인에게 "너 지금 뭐 하는 중이냐?"라는 의미로 "너 뭐 하냐?"라고 물으면, "저는 판매업을 합니다."라는 식으로 자기의 직업을 말할 것이다.

그럼 "너 뭐 하는 중이냐?"라고 물으면 뭐라고 답해야 할까?

A. 나 TV 본다.
B. 나 TV 보고 있다.
C. 나 TV 보는 중이다.

이것 역시 A와 B가 우리말로는 더 익숙하지만, 영어식 대답은 C이다.

- What **are** you **doing**?
  너 뭐 하는 중이냐?

  라고 물으면,

- I **am watching** TV.
  나는 TV를 보는 중이다.

  라고 답하는 게 가장 좋다.

진행시제가 나오면 무조건 '~하는 중이다'라는 말을 떠올리자. 이것이 습관이 되어야 영어로 말할 때 실수를 줄일 수 있고, 독해를 할 때도 시제에 따라서 변형하기가 쉽다. 그리고 원어민은 100% 이렇게 말한다.

※ 영어에서는 특정한 시점에서 하는 일은 모두 진행형으로 표현한다.
  진행형은 '그 순간'이라는 특정한 시점을 표현한다.
  (진행시제 = 진행형)

1 현재진행시제 – 지금 이 순간에 하고 있는 일만 말하고 싶다

진행시제 중에서도 가장 기본이 되는, '지금 현재 무엇을 하고 있는가'를 나타내는 말인 '현재진행형'을 알아보자.

'현재진행형'은 '바로 지금 현재, 지금 이 순간'이라는 게 포인트다. 문장 중에는 '바로 지금'이라는 표현이 없더라도, 현재진행형이 쓰이면 '바로 지금'이라는 의미가 들어 있다는 것으로 생각을 하면서 읽고, 말하고, 듣고, 써야 한다.

- I **am reading** Harry Potter.
  나는 해리포터를 **읽는 중이다**.

- I **am listening** to music.
  나는 음악을 **듣는 중이다**.

- She **is working**.
  그녀는 **일하는 중이다**.

- They **are eating** lunch.
  그들은 점심을 **먹는 중이다**.

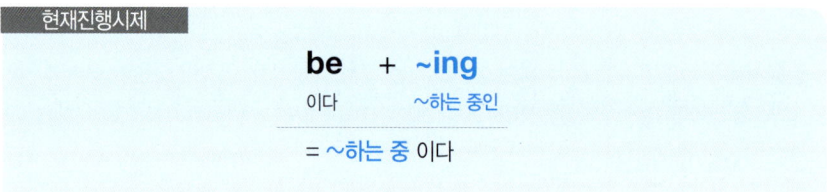

현재진행시제

be + **~ing**
이다   ~하는 중인

= ~하는 중 이다

직장에 다니는 잭은 보통 집에 오면 TV를 보면서 휴식을 취한다. 오늘도 잭은 퇴근 후에 TV를 보면서 휴식을 취하는 중이다.

오늘은 7월 12일 오후 8시 이때, 전화가 온다. 잭은 전화를 받는다.

- **Mike** : Jack, what **are** you **doing**?
  잭, 뭐 **하는 중이야?** / 잭, 뭐 하고 있어?

- **Jack** : **I'm watching** TV now.
  나 지금 TV **보는 중이야**. / 나 지금 TV 보고 있어.

* 위의 예문처럼 우리말은 뒤 표현이 더 자연스럽지만, 영어식 표현으로는 '**~하는 중이다**'라고 해야 올바른 표현이 된다. 뒤 표현대로 영어와 맞춰보면, 해석이 잘 맞지 않아서 통째로 외우려 하게 되므로, 꼭 여기 제시된 대로 해석하기 바란다.

주의!

✱ having으로 쓰는 경우와 쓰지 않는 경우

have의 대표적인 뜻은 **가지고 있다, 먹다**이다.
"나는 점심을 먹는 중이다."를 영어로 하면 '먹는 중인'이 having이므로,

- **I am having lunch.**
  나는 점심을 먹는 중이다.

"나는 자동차를 **가지고 있다.**"를 영어로 하면? have가 '**가지다**'라는 뜻일 때,

- **I have a car.**라고 한다.
  나는 차를 가지고 있다.

　I am having a car. 라고는 쓰지 않는다. 나는 자동차를 '가지고 있거나', '가지고 있지 않거나'이지, '가지는 중'인 경우는 없으므로 쓰지 않는다.
"나는 자동차를 **가지는 중이다.**"라고 하면 우리말로도 어색하다.
　그래서 have가 '가지다'의 뜻일 때에는 having이라고 쓰지 않는다는 것인데, "**상태 동사는 진행형으로 쓸 수 없다**"는 문법이 여기서 나온다.
그런데, 꼭 그런 건 아니다.

- **I am having a meeting.**
  나는 회의 중이다. (나는 회의를 가지는 중이다.)

여기서는 have가 '가지다'라는 뜻이지만 진행형으로 쓰였다.

　결국, 아무리 문법을 외워도 예외는 있다. 그러나 위처럼 현재분사 등의 활용 형태에 따라서 정확한 해석을 하면, 문법 사항을 외우지 않고도, 어색한지 자연스러운지 스스로 느낄 수 있게 된다.

Chapter 2

현재진행시제 독해연습

1. He **is reading** a book now.

2. I **am drawing** a picture.

3. They **are sitting** by the window.

4. Jenny **is cleaning** her room now.

5. She **is living** with her best friend.

6. My sister **is playing** the piano in the living room.

7. It **is raining** outside.

8. I**'m driving** a brand new car.

9. Susan **is helping** her mother.

10. He **is waiting** for the woman in front of the gate.

현재진행시제 영작연습

1. 그는 **읽는 중이다** 책을 지금.

   He _____ a book now.

2. 나는 **그리는 중이다** 그림을.

   I _____ a picture.

3. 그들은 **앉아 있는 중이다** 창문 옆에.

   They _____ by the window.

4. 제니는 **청소하는 중이다** 그녀의 방을 지금.

   Jenny _____ her room now.

5. 그녀는 **사는 중이다** 그녀의 가장 친한 친구와.

   She _____ with her best friend.

6. 나의 여동생은 **연주하는 중이다** 피아노를 거실에서.

   My sister _____ the piano in the living room.

7. **비오는 중이다** 밖에는.

   It _____ outside.

8. 나는 **운전하는 중이다** 새로 나온 차를.

   I'_____ a brand new car.

9. 수잔은 **돕는 중이다** 그녀의 어머니를.

   Susan _____ her mother.

10. 그는 **기다리는 중이다** 그 여자를 출입문 앞에서.

    He _____ for the woman in front of the gate.

89

2 과거진행시제 – 과거의 어떤 순간에 뭔가 하는 중이었다

어제는 TV를 보면서 쉬었던 잭이 오늘은 어제와 같은 시간에 **강변을 달리는 중이다**. 그는 일주일에 4번씩 강변을 달린다. 강변을 달리던 잭은 옆집의 케이트를 만난다.

- **Kate** : Hi Jack. What **were** you **doing** at 8 yesterday?
  안녕 잭. 어제 8시에는 무엇을 하는 중이었어?

- **Jack** : I **was watching** TV at that time.
  나는 TV를 보는 중이었어 그 시간에.

- **Kate** : So you didn't run by the riverside yesterday.
  그래서 어제는 강변을 달리지 않았구나.

우리말로 이런 대화를 한다면 참 어색하게 들릴 것이다. 우리말로는 "어제 8시에 뭐 했어?", "그 시간에 TV 봤어."처럼 단순과거로 말한다. 그렇지만, 영어식 표현으로는 이렇게 대화하는 것이 가장 자연스럽다.

위 대화를 보면 be동사의 과거형인 was를 써서 **was + 현재분사(ing)**를 쓴 것을 볼 수가 있다. 이처럼 '과거의 특정 시점에 어떤 일을 하고 있었다'면 과거진행형으로 표현해야 한다.

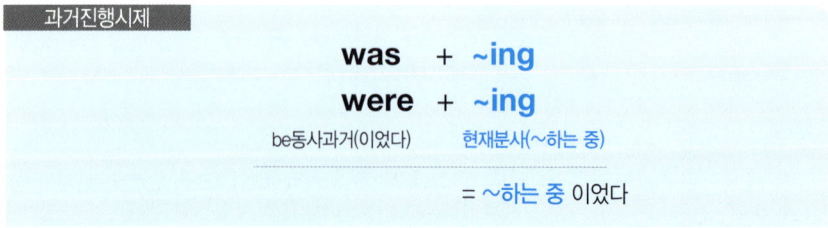

- I **was watching** TV.

  나는 **보는 중**이었다 TV를.

- They **were eating** dinner.

  그들은 **먹는 중**이었다 저녁을.

과거진행형에서 중요한 포인트는 be 동사만 과거로 만든다는 것이다.
현재분사인 '~하는 중 : -ing'는 바뀌지 않고 be 동사인 '이다'가 '이었다'로 바뀐다.

<시제 정리표   Eat : 먹다>

V6 동사변화표

ate	eat / eats	will eat
먹었다	먹는다	먹을 것이다

eaten	eating	to eat
먹은 / 먹힌	먹는 중인	먹을

	과거	현재	미래
단순시제	ate 먹었다	eat eats (주어가 3인칭단수일 때) 먹는다	will eat 먹을 것이다
진행시제 be + -ing	was eating were eating 먹는 중이었다	am eating is eating are eating 먹는 중이다	

위 표에서 보는 것처럼 현재분사 eating(먹는 중)은 바뀌지 않는다. '이다' 부분인 be동사만 과거형인 was/were '이었다'로 바뀐다.

부록의 〈V6 English 동사변화표〉를 참조하여 현재분사의 모양과 우리말 뜻이 변하지 않는다는 것을 확인하기 바란다. 어떤 시제에서도 분사의 모양과 뜻은 변하지 않는다.

Chapter 2

과거진행시제 독해연습

* ~하는 중이었다

1. He **was reading** a book last night at 10.

2. They **were drawing** a picture in the morning.

3. She **was sitting** on the bench in the afternoon.

4. Tom **was washing** his bike at 2 p.m.

5. I **was saving** the money to travel to France last month.

6. My brother **was playing** the guitar when I went to his house.

7. It **was raining** outside at noon.

8. I **was testing** my car in the garage at that time.

9. Sam **was helping** his mother when you called him.

10. He **was waiting** for his girlfriend in front of her house.

과거진행시제 영작연습

※ (의미를 명확히 하기 위해서 ' / ' 표시를 넣었으니 끊어 읽을 것)

1. 그는 **읽는 중이었다** 책을 지난 밤 10시에.

   He _____ a book last night at 10.

2. 그들은 **그리는 중이었다** 그림을 / 아침에.

   They _____ a picture in the morning.

3. 그녀는 **앉아 있는 중이었다** 벤치 위에 / 오후에. (우리말로는 '앉아있었다'가 더 어울리지만 영어식 표현을 익히는 게 더 중요하다.)

   She _____ on the bench in the afternoon.

4. Tom은 **세차하는 중이었다** 그의 바이크를 오후 2시에.

   Tom _____ his bike at 2 p.m.

5. 나는 **저축하는 중이었다** 돈을 / 프랑스로 여행하기 위해서 / 지난달에.

   I _____ the money to travel to France last month.

6. 나의 형은 **연주하는 중이었다** 기타를 내가 그의 집에 갔을 때.

   My brother _____ the guitar when I went to his house.

7. 비가 **오는 중이었다** 밖에는 / 정오에.

   It _____ outside at noon.

8. 나는 **시험하는 중이었다** 나의 차를 차고에서 그때.

   I _____ my car in the garage at that time.

9. Sam은 **돕는 중이었다** 그의 어머니를, 네가 그에게 전화했을 때.

   Sam _____ his mother when you called him.

10. 그는 **기다리는 중이었다** 그의 여자친구를 그녀의 집 앞에서.

    He _____ for his girlfriend in front of her house.

3 미래진행시제 – 미래의 어떤 순간에 뭔가를 하고 있을 것이라면

잭은 내일 출근을 해야 하는데, 마이크는 내일 휴가를 냈다. 함께 축구 경기를 보고 싶은 마이크가 전화를 해서 내일 함께 갈 수 있는지 묻는다.

- **Mike** : Jack, there will be a soccer game tomorrow at 6.
  잭, 내일 6시에 축구 경기가 있을 거야.

  What do you think about going together?
  함께 가는 게 어때?

- **Jack** : Sorry, at that time I **will be working** at the company.
  미안해, 내일 그 시간에 나는 회사에서 일하는 중일 거야.

- **Mike** : Tomorrow is Saturday.
  Will you **be working** tomorrow at 6?
  내일은 토요일인데, 6시에 일하는 중일 거라고?

- **Jack** : Yeah, because our new product will be released soon.
  응, 우리의 새 상품이 곧 출시되기 때문이야.

미래의 특정한 시간에 무엇을 하는 중일지를 표현하는 것이 미래진행형이다. 미래에 진행 중인 일이 아닌 경우에도 습관처럼 쓰기도 한다.

will be	+	**~ing**
일 것이다	+	현재분사(~하는 중)
	=	~하는 중 일 것이다

- I **will be** eating lunch at 1.

  나는 점심을 **먹는 중**일 것이다 1시에는.

- She **will be** working at 3 p.m.

  그녀는 **일하는 중**일 것이다 오후 3시에는.

- Our family **will be** sleeping at 11 tonight.

  우리 가족은 **자는 중**일 것이다 오늘밤 11시에는.

<시제 정리표   Eat : 먹다>

V6 동사변화표

ate	eat / eats	will eat
먹었다	먹는다	먹을 것이다

eaten	eating	to eat
먹은 / 먹힌	먹는 중인	먹을

	과거	현재	미래
단순시제	ate	eat eats (주어가 3인칭단수일 때)	will eat
	먹었다	먹는다	먹을 것이다
진행시제 be + -ing	was eating were eating	am eating is eating are eating	will be eating
	먹는 중이었다	먹는 중이다	먹는 중일 것이다

* 시제가 바뀌어도 현재분사는 모양과 해석이 변하지 않고, be동사만 과거와 미래로 형태와 해석이 바뀐다.

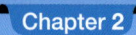

미래진행시제 독해연습

*~하는 중일 것이다

1. He **will be taking** a picture in the afternoon.
   ⋯▶

2. She **will be painting** the bench tomorrow morning.
   ⋯▶

3. Mike **will be planting** plants in the garden at 4 p.m.
   ⋯▶

4. I**'ll be driving** a car to my hometown tomorrow at 8.
   ⋯▶

5. It**'ll be snowing** when you arrive here.
   ⋯▶

6. The new workers **will be working** at the company next week.
   ⋯▶

7. Our family will start eating dinner at 7, we **will be eating** dinner at 7:30.
   ⋯▶

8. All my children **will be sleeping** at midnight.
   ⋯▶

9. I **will be repairing** your bike when you come back from school.
   ⋯▶

10. She **will be listening** to music tonight at 10.
    ⋯▶

미래진행시제 영작연습

*(의미를 명확히 하기 위해서 ' / '표시를 넣었으니 끊어 읽을 것)

1. 그는 **찍는 중일 것이다** 사진을 오후에.

   He _____ a picture in the afternoon.

2. 그녀는 **칠하는 중일 것이다** 그 벤치를 내일 아침에는.

   She _____ the bench tomorrow morning.

3. Mike는 **심는 중일 것이다** 식물들을 정원에서 오후 4시에.

   Mike _____ plants in the garden at 4p.m.

4. 나는 **운전하는 중일 것이다** 차를 나의 고향으로 내일 8시에는.

   I' _____ a car to my hometown tomorrow at 8.

5. **눈 오는 중일 것이다** 네가 여기 도착하는 때에는.

   It' _____ when you arrive here.

6. 새로운 일꾼들이 **일하는 중일 것이다** 그 회사에서 / 다음 주 중에는.

   The new workers _____ at the company next week.

7. 우리 가족은 시작할 것이다 저녁 먹기를 7시에, 우리는 저녁 **먹는 중일 것이다** 7:30에는.

   Our family will start eating dinner at 7, we _____ dinner at 7:30.

8. 나의 모든 아이들은 **자는 중일 것이다** 자정에는.

   All my children _____ at midnight.

9. 나는 **고치는 중일 것이다** 너의 바이크를, 네가 학교에서 돌아오는 때에.
   (돌아올 때가 우리말에는 더 자연스럽지만, 영어에서는 현재형으로 쓴다.)

   I _____ your bike when you come back from school.

10. 그녀는 **듣는 중일 것이다** 음악을 오늘밤 10시에는.

    She _____ to music tonight at 10.

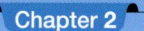

Chapter 2

완료시제에서

완료 / 경험 / 계속 / 결과를 구분하지 마라

이 방법이면 완료시제의 의미 이해와 전달이 완벽하게 가능하다

흔히 완료시제에서 중요하게 다루는 부분이 완료, 경험, 계속, 결과를 구분하는 것이다. 많은 사람들이 한국어에는 완료시제가 없고, 적절히 해석할 방법이 없다고 생각했기 때문에 완료시제를 4가지로 나누어서 정확한 의미를 파악하려고 노력했다. 그런데, 사실은 완료시제를 이렇게 4가지 용법으로 나누는 것은 무의미하고 쓸모없는 일이다.

실제 영어 원어민이 쓴 교재에서도 완료시제를 4가지로 분류하기도 하지만, 이것도 외국인들에게 완료시제의 다른 점을 설명하기 위한 수단이지 꼭 그렇게 분류를 해야 한다는 것은 아니다.

그러나 많은 문법책에서는 아직도 완료시제를 꼭 4가지 용법대로 분류해야 한다는 식으로 설명하고 있어 매우 안타깝다. 완료시제를 제대로 이해한다면 굳이 나눌 필요가 없다.

일단 완료시제를 4가지 용법으로 분류한, 다음 문장을 보자.

① I have finished my work. … 완료
② I have been to New York. … 경험
③ I have lived in Seoul. … 계속
④ I have lost my watch. … 결과

이 분류가 틀렸다는 말은 아니다. 다만 꼭 필요하지는 않다는 것이다. 왜냐하면, 위 문장들의 뜻을 일일이 짚어 보면, 결국엔

- '일을 완료했다'는 뜻이고,
- '뉴욕에 가본 경험이 있다'는 뜻이고,
- '계속해서 살아왔다'는 뜻이고,
- '시계를 잃어버려서 결과적으로 갖고 있지 않다'는 뜻이다.

왜 완료시제에는 완료, 경험, 계속, 결과의 의미를 포함하고 있을까?
독자 여러분 중에서 아직 완료시제를 이해하지 못한 분이라면, 이런 뜻이 되는지 이해가 되지 않을 수도 있겠다. 그래서 "완료시제 문장에 들어있는, 때를 나타내는 부사구를 보고 용법을 구분한다."고 설명하기도 한다.

점점 더 어려워진다고 느낀다면, 당신은 제대로 느끼고 있는 것이다. 제대로 된 해석으로 명확하게 번역하지 못하니까, 다른 도움과 문법적 분류가 필요하게 되고, 영어를 배우는 사람 입장에서는 이해하기가 더 어려워진다. 올바른 해석을 하지 못해서 이해하지 못하는 것이다.

예를 들면,

❶ I **finished** my work.

❷ I **have finished** my work.

이 두 문장을 다음과 같이 잘못 해석하는 경우이다.

❶ 나는 끝냈다 나의 일을. (과거 시제)

❷ 나는 막 끝냈다 나의 일을. (현재완료 시제이나 과거형으로 잘못 해석하고 있다.)

위 두 문장의 해석을 보고 당신은 '과거 시제'와 '현재완료 시제'의 차이를 이해할 수 있는가?

두 번째 문장 해석에는 '막'이라는 말이 붙었다고 '현재완료 시제'라고 할 것인가? 그리고 영어 문장에서 다른 점은 'have'가 붙은 것뿐인데, 'have'의 뜻이 '막'인가? 아니다. 영어 문장 어디에서도 'have'의 뜻은 '막'이라는 뜻으로 쓰이지 않는다. 또 하나, 해석에서는 모두 '끝냈다'라고 되어 있는데, 이것은 누가 봐도 '과거 시제'이다.

'현재'라는 의미를 부여할 만한 타당한 이유가 없는 것이다.

그러면 제대로 된 해석은 어떻게 해야 할까?

❶ I finished my work.
  나는 **끝냈다** 나의 일을.

❷ I have finished my work.
  나는 **끝낸 상태이다** 나의 일을.

이렇게 해야 올바른 해석이 된다.

'끝낸 상태이다'에서 '이다'는 현재를 명확히 나타내주고 있으며, '끝낸'이라는 말은, 앞에서 배운 finish의 과거분사 'finished(끝낸)'의 뜻을 그대로 표현해주고 있다. 이렇게 올바른 해석만으로도, '이미 일을 끝낸 상태이므로 더 이상 할 필요가 없는 완료된 상태'를 표현하는 완료시제를 명확히 이해할 수 있다. 굳이 무슨 무슨 용법으로 분류할 필요가 없는 것이다.

그동안 완료시제를 올바로 해석할 수 없었기 때문에 4가지 용법 등으로 나누고 자주 다루다 보니 4가지 용법이 필수 요소인 것처럼 인식되어 온 것이다.

이제, 앞에서 나온 문장을 완료시제의 올바른 해석 방법대로 해석해 보자.

① I **have finished** my work.
  나는 **끝낸 상태이다** 나의 일을.

② I **have been** to New York.
　　나는 **있었던 상태이다** 뉴욕에.

③ I **have lived** in Seoul.
　　나는 **산 상태이다** 서울에서.

④ I **have lost** my watch.
　　나는 **잃어버린 상태이다** 내 시계를.

'have'는 '현재 어떤 상태를 가지고 있는지'를 나타내는 말이므로 have를 '상태이다'라고 해석하면 정확하다.

이렇게 올바른 문장 해석만으로도 완료시제의 4가지 용법의 구분이 필요 없다는 것을 살펴보았다. 4가지 용법 구분은 뜻을 올바로 해석하지 못해서 나온 설명 방법이기 때문에 이젠 버려도 된다.

7. 모두가 가장 어려워하는 완료시제, 이것만 알면 완벽해진다

완료시제는 무조건 [~한 상태이다]로 해석하라

완료시제를 어려워하는 사람들이 많다. 그러나 다음에서 완료시제의 정확한 개념을 공부하고 나면, 완료시제가 단순시제만큼이나 별다른 것이 아님을 이해하게 될 것이다. 완료시제가 현재인지, 과거인지를 혼동하는 경우가 많이 있다.

또 우리말에는 완료시제가 없다고 말하는 사람도 있다. 그러나 우리말 문법에서 굳이 구별하지 않을 뿐이지 없는 것은 아니다.

예를 들면,

- 나는 학원에 이미 <u>등록한 상태입니다</u>. 그런데 왜 수강할 수 없죠?
  (현재완료)

- 그는 다리를 <u>다친 상태였다</u>. 그렇지만 10km를 걸어서 왔다.
  (과거완료)

위의 표현들은 다 완료시제의 표현이고, 이처럼 우리말에도 완료시제 표현은 있다.

우리는 앞에서 과거분사가 '~한, ~된, ~되어진'의 뜻이 있어 과거에 일어난 일을 표현한다는 것을 이미 이해했다.
아래 예문에서처럼 과거에 일어난 일을 형용사처럼 쓸 때 사용하는 것이 과거분사이다.

- 떨어진 나뭇잎
- 밥 먹은 사람은 이쪽으로 오세요.
- 아직 안 먹은 사람은 저 쪽에 줄을 서세요.
- 8시간 동안 일한 사람은 이쪽으로 와서 임금을 받으세요.
- 깨진 유리는 다치기 전에 빨리 치워야 합니다.

이 '과거에 일어난 일(과거분사)'에 덧붙여 '그 상태를 가지고 있다'는 뜻인 'have'를 붙여서 완료시제를 만든다. '과거에 일어난 일을 현재 경험적으로 가지고 있다는 것'을 표현하는 것이다.

다음 상황을 잘 생각해 보자.

어느 날 Kate가 퇴근을 해서 집에 와보니 David가 유리창을 깨 놓았다. 퇴근을 한 시점에서 보면 유리창이 깨진 것은 오늘 낮에 '과거'에 있었던 일이고, 집에 와서 보니 지금은 그가 유리창을 깨 놓은 상태이다.

그가 유리창을 깬 상태를 가지고 있다. (← 좀 어색하지만 의미는 맞다)

이것이 완료시제의 정확한 해석이다. 완료시제를 과거시제처럼 해석하는 경우가 있는데, 그렇게 하면 과거시제와 과거완료가 혼동이 되고 응용이 안 된다. 위의 해석을 좀 더 자연스럽게 바꿔보자.

> 그가 유리창을 깬 상태를 가지고 있다.
> ⋯▶ 그가 유리창을 깬 상태이다.
> ⋯▶ **He has broken the window.**
>   상태이다   깬

(break, broke, broken, breaking = 깨다. 깼다. 깬. 깨는)

다음 예를 보면 더욱 명확해질 것이다.

과거시제 (과거의 일)	현재완료 시제 (지금 현재의 상태)
① I **lost** my watch.	② I **have lost** my watch.
나는 나의 시계를 **잃어버렸다**. (과거에)	나는 나의 시계를 **잃어버린 상태이다** (현재상태)

①번 문장은 순수하게 과거에 일어난 일을 말하고 싶을 때 쓰는 표현이다. 잃어버린 후에 어떻게 됐는지는 알 수가 없고, 말하고 싶은 포인트도 아니다. 과거에 대한 정보만을 담고 있다.

②번 문장은 현재의 상태를 나타내는 말이다. 과거에 잃어버려서 지금 현재 없다는 뜻을 전달하고 싶은 표현이다. 바로 현재완료시제이다. 현재 상태를 말하고 싶은 경우에 사용한다. 영어는 어떤 상태인지를 정확하게 표현하기를 좋아한다.

이처럼 완료시제의 해석은 꼭 '~한 상태이다'라고 해야 한다. 그렇게 해야만, 과거완료나 미래완료도 문제없이 해석할 수가 있다.

현재완료를 대충 해석하고 넘어가면, 과거완료나 미래완료 그리고 과거완료수동태 등을 정확하게 해석하기가 매우 어려워진다.

그러나 완료시제를 '~한 상태이다'라고 해석하면, 어떤 시제가 나와도 혼동되지 않는다.

• 나는 시계를 **잃어버린 상태이다.**

⋯▸ I **have lost** my watch.

Chapter 2

현재완료시제

현재 [~한 상태이다]라는 뜻이다

잭은 보통 때처럼 퇴근을 했다. 저녁을 먹고 TV를 보면서 휴식을 취하는 중이다. 이때 마이크로부터 전화가 왔다.

- **Mike** : What are you doing?
  Would you like to have dinner with me?
  너 뭐 하는 중이야? 나와 함께 저녁 먹지 않을래?

- **Jack** : Sorry, I **have eaten** dinner. I'm full.
  미안. 난 이미 저녁을 **먹은 상태야**. 배불러.

- **Mike** : Then, see you later. Bye.
  그럼 다음에 보자. 안녕.

먹은 것은 조금 전이고, 현재는 좀 전에 먹은 것 때문에 배가 부른 상태이다. 즉, 현재의 상태를 말하고 있는 것이다.

우리말로는 "저녁 먹었어."라고 단순히 과거처럼 말을 하지만, 영어 표현에서는 현재완료 시제를 써서 현재의 상태를 말한다. 그래서 '**먹은 상태이다**'(현재완료시제)라고 표현한다.

현재완료 시제를 '~한 상태이다'라고 해석하는 것이 좀 어색하다고 생각할지 모르지만, 현재완료 시제를 이보다 제대로 해석한 경우는 아직까지 본 적이 없다. 조금 어색한 느낌이 들더라도 이대로 해석하는 연습을 하면 현재완료의 개념이 확실하게 잡힌다.

현재완료시제

have **eaten**
　　　먹은　　　'먹다'의 과거분사는 '먹은'이다.

+ 상태이다　　　(과거분사는 어느 때라도 똑같이 해석한다.)

= 먹은 상태이다.　　(과거에 먹은 것 + 지금 현재 상태)

⋯▶ 현재완료에서 말하고 싶은 포인트는 '**현재**'라는 것을 잊지 말자.

과 거 ⋯ I **finished** doing my work 2 hours ago.
　　　　　나는 나의 일을 **끝냈다** 2시간 전에

현재완료 ⋯ I **have finished** my work.
　　　　　나는 나의 일을 **끝낸 상태이다.**

과 거 ⋯ They **built** the house last month.
　　　　　그들은 그 집을 **지었다** 지난달에.
　　　　　(지난달에 지었다는 것을 말하고 싶은 문장)

현재완료 ⋯ They **have built** the house already.
　　　　　그들은 그 집을 이미 **지은 상태이다.**
　　　　　(현재는 짓는 일이 다 마무리 되어 있다는 것을 말하고 싶은 문장.)

우리말 해석을 여러 번 읽어보고 느낌의 차이를 느껴보라.

과　거 ···▶ She **bought** the shoes yesterday.
　　　　　　　그녀는 그 신발을 **샀다** 어제.
　　　　　　　(어제 샀다는 과거의 사건이 중요 포인트)

현재완료 ···▶ She **has bought** the shoes already.
　　　　　　　그녀는 그 신발을 이미 **산 상태이다**.
　　　　　　　(전에 사서 지금 가지고 있다는 것이 중요 포인트)

지금까지 공부한 시제를 정리해보자.

V6 동사변화표

ate	eat / eats	will eat
먹었다	먹는다	먹을 것이다

eaten	eating	to eat
먹은 / 먹힌	먹는 중인	먹을

	과 거	현 재	미 래
단순시제	ate	eat eats (주어가 3인칭단수일 때)	will eat
	먹었다	먹는다	먹을 것이다
진행시제 be + -ing	was eating were eating	am eating is eating are eating	will be eating
	먹는 중이었다	먹는 중이다	먹는 중일 것이다
완료시제 have + p.p		have eaten has eaten	
		먹은 상태이다	

107

1 be동사가 있는 완료시제

- She **has been sick** since last Saturday.
  그녀는 **아픈 상태이다** 지난 토요일부터
  ⋯▸ 그녀는 지난 토요일부터 아파온 상태이다.

'sick'은 '아픈'이라는 형용사이기 때문에, 'sick'만으로는 동사 역할(서술형 종결어미 역할)을 못하므로 '**아프다**'가 되려면 '**be** sick'이 되어야 한다.

- I **am** sick.
  ⋯▸ 나는 **아프다**.

이것을 '**아파 온 상태이다**'라고 표현하려면, 'be sick'의 과거분사형인 'been sick'에 '상태이다'라는 의미의 have를 붙여 'have **been sick**'이 된다.

다음 문장을 유의해서 비교해 보자.

① I **have been** to Jeju once.
   나는 한 번 제주에 **있었던 상태이다**. (한 번 가본 적 있다)

② She **has been sick** for 1 week.
   그녀는 1주 동안 **아파 온 상태이다**.

③ The house **has been built** already.
   그 집은 이미 다 **지어진 상태이다**.

①번의 been은 be동사의 과거분사로 '**있었던**'이라는 뜻이다.
②번은 원래 형용사인 sick을 '**아파온**'으로 만들기 위해 been이 붙은 것이다.
③번은 '지은'의 수동태인 '**지어진**'으로 만들기 위해 been이 붙은 것이다.

다시 정리하면

①번은 단순히 '있었던'의 been
②번은 'be sick(아프다)'의 과거분사 'been sick(아파온)'이고
③번은 수동태 'be built(지어진다)'의 과거분사형 'been built(지어진)'이다.
* been 뒤에 단순형용사인지 과거분사인지를 구분하면 쉽게 구분할 수 있다.

위의 세 가지 경우에 쓰인 been의 구분은 뒤에서 다시 한 번 설명할 것이다.
①번의 경우만 이해하고 넘어가면 된다.

• How **have** you **been**?
(지금까지) 어떻게 **지낸 상태니**?

• I **have been fine.**
잘 지내온 상태야. 좋았던 상태야.

2 'have been'은 왜 가본 적이 있다 인가?

• I **have been** to New York.

위 문장은 "나는 뉴욕에 가본 적이 있다."라고 해석한다. 왜 그럴까? 우리말로 쉽게 이해되도록 의역을 해서이다. 'be동사'는 '가다'란 의미가 없는데, 우리말로 자연스럽게 해석을 하다 보니 '가본 적이 있다'가 된 것이다. 원래의 의미는 무엇인지 지금까지 살펴본 대로 해석을 다시 해보자.

be동사는 '있다'란 뜻이고, 과거분사 'been'은 '있은, 있었던'이다. 완료형을 만들기 위해서 'have'를 붙이면

have + been
상태이다 있었던

• I **have been** to New York twice.

나는 뉴욕에 **있었던 상태이다** 두 번.
= 나는 뉴욕에 **있어본 상태이다**.
= 나는 뉴욕에 **있었던 경험이 있는 상태이다**.

이렇게 해석된다.

여기에 경험이 있다는 뜻을 좀 더 명확히 해주려고 'ever'를 넣는다.

- I **have ever been** to New York twice.

    = 나는 **이제껏 살면서** 뉴욕에 두 번 **있었던 상태이다.**

    = 나는 **지금까지 살아오면서** 뉴욕에 두 번 **있어본 경험이 있는 상태이다.**

'ever'를 넣으니 좀 더 확실히 어딘가에 가본 적 있다는 표현으로 느껴진다.

사실, 영어에서는 '가본 적 있다'는 식의 표현을 쓰지 않는다. 그곳에 있어봤다는 것이 중요한 것이다. 그곳에 있으면서 본 것, 들은 것, 느낀 것, 사람들을 만난 것 등등 그곳에서 머물러 있었던 것이 중요한 것이다. '가본 적 있다'는 지극히 한국어식 표현인 것이다. 영어에서는 '~에 있었던 상태이다'라고 표현한다.

- What date are you going **to be** here?

    어느 날짜에 당신은 여기에 **있을** 예정입니까?

    * 오는 행위보다 그 사람이 여기에 있어야 만날 수 있고, 뭔가를 할 수 있기 때문에 물어볼 때도 언제 올 예정인지 묻기보다는, 언제 여기에 있을 것인지를 묻는다.

- How soon are you going **to be** here?

    얼마나 빨리 당신은 여기에 (와) **있을** 예정입니까?

위의 예문처럼 영어에서는 '간다, 온다'라는 표현보다 '있다'라는 표현을 자주 쓴다. 그래서 '있다'라는 의미인 be동사를 넣은 표현인 have been이라는 말을 '가본 적 있다'라는 의미로 쓰는 것이다.

Chapter 2

현재완료시제 독해연습

*ever, already는 뜻을 강조하기 위해 쓰인다.

1. It isn't snowing now. It **has stopped**.

2. I **have** ever **written** a letter in English.

3. I **have** already **finished** sending invitations.

4. She **has gone** to Europe.

5. Sujin **has lived** in Busan since 1998.

6. I **have known** him for 10 years.

7. My parents **have visited** New York twice.

8. She **has been sick** since last Friday. She is in the hospital now.

9. I **have** ever **heard** about the story.

10. He **has watched** that program before.

현재완료시제 영작연습

1. 눈이 오지 않는 중이다 지금. (그것은) **멈춘 상태이다**.

   It isn't snowing now. It _____ .

2. 나는 **써본 상태이다** 편지를 영어로. (지금까지 쭉 살아오면서 써 본적 있는 상태이다)

   I _____ ever _____ a letter in English.

3. 나는 **이미 끝낸 상태이다** 보내는 것을 초대장들을.

   I _____ already _____ sending invitations.

4. 그녀는 **간 상태이다** 유럽으로. (가버린 상태이다 ← 강조하기 위해서 이렇게 해석해도 됨)

   She _____ to Europe.

5. 수진은 **산 상태이다** 부산에서 1998년 이래로. (살아온 상태이다)

   Sujin _____ in Busan since 1998.

6. 나는 **안 상태이다** 그를 10년 동안. (알아 온 상태이다)

   I _____ him for 10 years.

7. 나의 부모님은 **방문한 상태이다** 뉴욕을 두 번.

   My parents _____ New York twice.

8. 그녀는 **아파 온 상태이다** 지난 금요일부터. 그녀는 병원에 있다 지금.

   Sh _____ since last Friday. She is in the hospital now.

9. 나는 **들은 상태이다** 그 이야기에 관해서. (나는 지금까지 쭉 살아오면서 그 이야기를 **들어본 상태이다**.)
   (=들어본 적 있다)

   I _____ ever _____ about the story.
   (ever : 지금까지 쭉 살아오면서)

10. 그는 **본 상태이다** 저 프로그램을 전에.

    He _____ that program before.

113

주의!

현재완료를 과거로 해석하면 절대 안 된다.

- I **finished** my work.
  나는 끝냈다 나의 일을 **(과거에)**

- I **have finished** my work.
  나는 **끝낸 상태이다** 나의 일을 **(지금 현재)**

( ) 안에 있는 말이 없어도 언제나 붙어 있다고 생각해야 한다. 특정한 시점을 나타내는 말을 넣어서 시점을 더 명백히 해주기도 한다.

과거시제 문장에서는
'3 days ago (3일 전에)', 'yesterday (어제)', 'in 1998 (1998년에)' 등 과거의 시간을 나타내는 말로 시점을 좀 더 명확히 해준다.

현재완료 문장에서는
'since 1998(1998년 이래로)', 'just(방금, 막)', 'already(이미)', 'once(한번)', 'before(전에)', 'ever(이제껏 살면서)'등 이전에 한 것이 지금까지 어떻게 영향을 미치는지 나타내는 말을 써서 완료시제를 좀 더 명확하게 해준다.

- I **have lived** in Jeju **since 2007.**
  나는 **살아온 상태이다** 제주에서 2007년 이래로 (쭉~ 계속).

- I **have just finished** my work.
  나는 **막 끝낸 상태이다** 나의 일을.

- I **have already finished** my work.
  나는 이미 **끝낸 상태이다** 나의 일을.

이처럼 just, yesterday 등의 부사는 완료나 과거 시제를 명확하게 해주기 위한 말로서 시제에 대하여 정확하게 이해를 한다면, 자연스럽게 사용할 수 있다.
각각의 시제에 대한 이해와 올바른 해석을 하면, 혼동하지 않고 쓸 수 있다.

Chapter 2

과거완료시제

과거의 시점에서 볼 때 그 이전에 이미 무엇인가를 [한 상태였다]

마이크와 잭은 주말을 맞아 가족들과 함께 놀이공원에 놀러 가기로 했다. 오전 10시까지 잭의 집으로 마이크와 가족들이 오기로 했는데, 지금은 11시이다. 늦었지만 마이크는 잭의 집을 방문했다. 잭의 가족은 이미 떠난 상태이다. 뒤늦게 따라온 마이크는 놀이공원에서 잭의 가족을 만난다.

- **Mike** : Sorry I'm late.
  늦어서 미안.

- **Jack** : That's OK. We thought you would be late.
  괜찮아, 네가 늦을 거라고 생각했어.

- **Mike** : When I arrived at your house, you **had left** already.
  내가 너희 집에 도착했을 때, 너희는 이미 **떠난 상태였어**.

- **Jack** : We thought that we **had waited** enough for you.
  우리는 너를 충분히 **기다린 상태였다**고 생각했거든.

이제 '떠난 상태였다'를 영어로 쓰는 것이 어렵지 않을 것이다.
'떠난'은 떠나다(leave)의 과거분사 'left'를, '상태였어'는 have(상태이다)의 과거형인 had를 쓰면 된다. 그래서 had left(떠난 상태였다)가 된다.

115

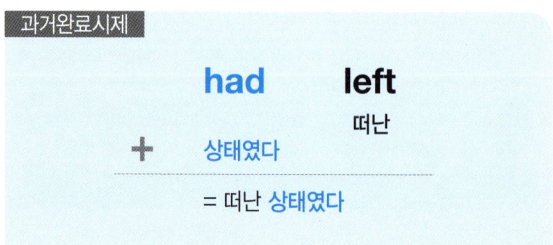

지금까지 공부한 시제를 정리해보자.

	과 거	현 재	미 래
단순시제	ate	eat eats	will eat
	먹었다	먹는다	먹을 것이다
진행시제 be + -ing	**was** eating **were** eating	**am** eating **is** eating **are** eating	**will be** eating
	먹는 중이었다	먹는 중이다	먹는 중일 것이다
완료시제 have + p.p	**had** eaten	**have** eaten **has** eaten	
	먹은 상태였다	먹은 상태이다	

1 대과거(더 과거) – 과거완료를 쓸 수밖에 없는 이유

한 문장 안에서 과거의 사건보다 **더 과거**에 일어난 일을 표현할 때 쓴다.
〈~한 상태이다 → ~한 상태였다〉 이렇게 변화된다는 것을 기억하고 아래 예문을 보자.

	과 거	대과거 (더 과거)
바른표현 (O)	내가 그의 집에 **도착했**을 때, When I **arrived** at his house,	그는 그의 집을 떠난 상태였다. he **had left** his house.
어색한 표현 (X)	내가 그의 집에 **도착했**을 때, When I **arrived** at his house,	그는 그의 집을 떠난 상태이다. he **has left** his house.
	내가 그의 집에 **도착했**을 때, When I **arrived** at his house,	그는 그의 집을 떠났다. he **left** his house. (도착한 그 시간에 떠났다는 뜻이 된다.)

* 위 표에서 우리말 해석의 자연스러움과 어색함이 영어 표현에서도 그대로 느껴진다면 대과거를 잘 이해한 것이다.

- When I **found** him in the park, he **had lost** his bicycle.
  내가 그를 공원에서 **발견했**을 때, 그는 **잃어버린 상태였다** 그의 자전거를.

- When the doctor **visited** her house,
  she **had been sick** for a week.
  그 의사가 그녀의 집을 **방문했**을 때, 그녀는 **아파온 상태였다** 1주일동안.

위 예문에서 '내가 그를 공원에서 발견했을 때, 그는 그의 자전거를 **잃어버린** 상태이다' 이렇게 'have lost (잃어버린 상태이다)'라고 하면 어색하다는 것이 바로 느껴진다. 이제, 과거보다 이전에 일어난 일은 당연히 과거완료로 표현해야겠다는 생각이 들것이다.

이처럼 우리말의 의미와 맞도록 알맞은 해석을 하면, 문법을 따지기 전에 어색한지 자연스러운지 스스로 느낄 수 있다.

과거완료시제 해석연습

1. He **had** already **won** a gold medal before.

2. I felt that I **had met** that girl somewhere before.

3. I knew Seoul well, because I **had been** there many times.

4. Tom was sick, because he **had eaten** lots of ice cream.

5. I **had finished** my breakfast when he came.

6. When I arrived there, I found that I **had lost** the tickets.

7. When I got the present, I **had known** about it for two weeks.

8. We **had had** dinner, when they visited us.

9. He **had brought** hamburgers when I asked him to go out for lunch.

10. She **had bought** a nice house when she met her husband.

과거완료시제 영작연습

1. 그는 **딴 상태였다** 이미 금메달을 / 전에.

   He _____ already _____ a gold medal before.

2. 나는 느꼈다 - 내가 저 소녀를 **만난 상태였다**는 것을 어딘가에서 / 전에.

   I felt that I _____ that girl somewhere before.

3. 나는 알았다 서울을 잘 / 왜냐하면 나는 **있었던 상태였**기 때문에 거기에 / 여러 번.

   I knew Seoul well, because I _____ there many times.

4. Tom은 아팠다 왜냐하면 그는 **먹은 상태였**기 때문에 많은 아이스크림을.

   Tom was sick, because he _____ lots of ice cream.

5. 나는 **끝낸 상태였다** 나의 아침식사를 - 그가 왔을 때.

   I _____ my breakfast when he came.

6. 내가 거기에 도착했을 때, 나는 알았다 - 내가 표를 **잃어버린 상태였다**는 것을.

   When I arrived there, I found that I _____ the tickets.

7. 내가 그 선물을 받았을 때, 나는 그것에 관해서 **아는 상태였다** 2주 동안.

   When I got the present, I _____ about it for two weeks.

8. 우리는 저녁을 **먹은 상태였다**, 그들이 우리를 방문했을 때.

   (have: 가지다. 먹다.)

   We _____ dinner, when they visited us.

9. 그는 **가져온 상태였다** 햄버거들을, 내가 그에게 점심 먹으러 나가자고 했을 때.

   He _____ hamburgers when I asked him to go out for lunch.

10. 그녀는 **산 상태였다** 좋은 집을, 그녀가 그녀의 남편을 만났을 때는.

    She _____ a nice house when she met her husband.

10 미래완료시제

미래의 어떤 시점에는, 이미 어떤 일을 한 상태일 것이다

잭과 마이크는 즐거운 시간을 보내고, 돌아오는 길에 큰 건물이 지어지는 중인 것을 보고 대화를 한다.

- **Jack** : What are they building?
  저 사람들이 짓고 있는 게 뭐야?

- **Mike** : Ah, it's a shopping mall.
  아, 그건 쇼핑몰이야.

- **Jack** : When will it be built?
  언제쯤 그것이 다 지어질까?

- **Mike** : In May, year they **will have built** it already.
  5월이면, 그들이 다 지은 상태일 거야.

미래의 어느 때에 어떤 일이 다 되어 있는 것을 의미할 때 쓰는 말이다.
영어로는 'will have + p.p.', 한국어로는 '~한 상태일 것이다'라고 표현한다.

미래완료시제	
Will have 상태일 것이다	**p.p.** ~한
= ~한 상태일 것이다	

지금까지 공부한 시제를 정리해보자.

V6 동사변화표

built	build / builds	will build
지었다	짓는다	지을 것이다

built	building	to build
지은 / 지어진	짓는 중인	지을

	과 거	현 재	미 래
단순시제	built	build builds	will build
	지었다	짓는다	지을 것이다
진행시제 be + -ing	was building were building	am building is building are building	will be building
	짓는 중이었다	짓는 중이다	짓는 중일 것이다
완료시제 have + p.p	had built	have built has built	will have built
	지은 상태였다	지은 상태이다	지은 상태일 것이다

앞에서 배운 대로 빈칸을 우리말로 채워보자.

	과 거	현 재	미 래
단순시제	built	build builds	will build
진행시제 be + -ing	was building were building	am building is building are building	will be building
완료시제 have + p.p	had built	have built has built	will have built

Chapter 2

미래완료시제 독해연습

1 I **will have finished** the work at ten.

2 He **will have written** the novel next March.

3 If I meet him once more, I **will have met** him twice.

4 I **will have studied** English for six years next month.

5 It **will have rained** for a week tomorrow.

6 Next August I **will have taught** English for seven years.

7 We **will have lived** here for six months next July.

8 They **will have built** the house next year.

9 I **will have known** him for 2 weeks next week.

10 I **will have waited** at the station for 3 hours when she arrives there.

미래완료시제 영작연습

1. 나는 **끝낸 상태일 것이다** 그 일을 10시에는.

   I _____ the work at ten.

2. 그는 **쓴 상태일 것이다** 그 소설을 다음 3월이면.

   He _____ the novel next March.

3. 만약 내가 그를 한 번 더 만난다면, 나는 **만난 상태일 것이다** 그를 두 번.

   If I meet him once more, I _____ him twice.

4. 나는 **공부한 상태일 것이다** 영어를 6년 동안 / 다음 달이면.

   I _____ English for six years next month.

5. **비온 상태일 것이다** 일주일 동안 내일이면.

   It _____ for a week tomorrow.

6. 다음 8월이면 나는 **가르친 상태일 것이다** 영어를 / 7년 동안.

   Next August I _____ English for seven years.

7. 우리는 **산 상태일 것이다** 여기서 6개월 동안 / 다음 7월이면.

   We _____ here for six months next July.

8. 그들은 **지은 상태일 것이다** 그 집을 / 내년이면.

   They _____ the house next year.

9. 나는 **알아 온 상태일 것이다** 그를 2주 동안 / 다음 주면.

   I _____ him for 2 weeks next week.

10. 나는 **기다린 상태일 것이다** 그 역에서 3시간 동안 / 그녀가 거기 도착하는 때에는.

    I _____ at the station for 3 hours when she arrives there.

Chapter 2

완료진행시제

예전에 시작한 일을 지금도 하는 중이다
완료진행시제는 [~ 해오는 중이다]로 해석하라

    이제는, '완료'라는 말이 나오면 과거로부터 영향을 받은 상태를 말하는 경우라는 것이 어느 정도는 떠오를 것이다. 이제 완료진행시제로 넘어가 보자.

    앞에서 배운 완료시제는 '~한 상태이다'였다. 완료진행은 과거에 시작한 일을 현재에도 하고 있는 중이라는 것을 나타내는 시제이다. 완료진행 시제는 완료의 '~한 상태이다'에 진행의 뜻인 '~하고 있는 중'을 더한 '~해 오고 있는 중인 상태이다'라고 하면 되지만 말이 너무 길어지므로, 줄여서 '~해오는 중이다'라고 하는 것이 좋다.

    '**완료진행시제**'는 '~**해오는 중이다**'라고 해석하자.

완료진행시제

	완료시제	**have** p.p.	
+	진행시제	**be**	~ing

                        have been   ~ing
                        ~해오는 중이다

▶ be동사와 과거분사를 합쳐서 be동사의 과거분사인 **been**이 된다.

예문을 보면 이해가 좀 더 빠르다.

현재시제	⋯▶	He **lives** in Seoul.

그는 서울에서 **산다**.
[과거 현재 미래를 다 포함. 사실은 시제가 없는 표현]

과거시제	⋯▶	He **lived** in Seoul in 2008.

그는 서울에서 **살았다** 2008년에.

현재진행	⋯▶	He **is living** with his brother for a while.

그는 그의 동생과 **사는 중이다** 잠시 동안.

과거진행	⋯▶	He **was living** with his brother at that time.

그는 그의 동생과 **사는 중이었다** 그때.

현재완료	⋯▶	He **has lived** in Seoul for 20 years.

그는 서울에서 **산 상태이다** 20년 동안

과거완료	⋯▶	He **had lived** in Seoul for 10 years. When I first met him.

그는 서울에 **산 상태였다** 10년 동안, 내가 그를 처음 만났을 때.
(그래서 서울에 대해서 잘 알고 있었다.)

현재완료진행	⋯▶	He **has been living** in Seoul since 2002.

그는 2002년부터 서울에서 **생활해오는 중이다.**
= 살아오는 중인 상태이다.

현재완료진행	⋯▶	He **has been working** at the shop for 3 years.

그는 그 가게에서 3년 동안 **일해오는 중이다.** (지금도 일하고 있다.)

1 현재완료진행시제 – 과거에 시작한 일을 지금도 하고 있다

Susan은 서점에 갔다가 우연히 거기서 일하고 있는 Kate를 만났다.

- **Susan** : Kate, long time no see.
  Kate 오랜만이야.

- **Kate** : How **have** you **been**?
  = 어떻게 **지낸 상태니**? = 어떻게 지내왔니? (과거부터 현재까지)
  = 어떻게 지냈니? (한동안 연락이 없었으므로, 과거부터 지금까지를 물음)
  ≠ How are you? (이 표현은 현재 어떤지만 묻는다.)
  어떻게 지내니?

- **Susan** : I**'ve been** fine. (회화에서는 I have를 줄여서 I've로 쓴다)
  잘 **지내 온 상태야.** = 잘 지내 왔어.
  ≠ I'm fine. (잘 지내. 현재에 대해서만 말함.)
  ("잘 지내 왔냐?"는 물음에 "잘 지내."라고 하면 당연히 어색한 표현이 된다.)

- **Kate** : Do you work here?
  여기서 일해?

- **Susan** : Yes, I do. I **have been working** here for 3 years.
  응. 나 여기서 일한 지 3년 됐어.
  = 나 여기서 3년 동안 **일해오는 중이다.** [현재완료진행]

  = I **have worked** here for 3 years.
  나 여기서 3년 동안 일한 상태이다. [현재완료]

  * (이처럼 두 시제를 모두 쓸 수 있는데, '현재완료진행시제'를 쓰면 그 뜻이 훨씬 명확해진다. '현재완료진행시제'를 써서 3년 동안 일해 왔고, 지금도 일하는 중이라는 뜻을 한꺼번에 넣을 수 있다.)

현재완료진행시제

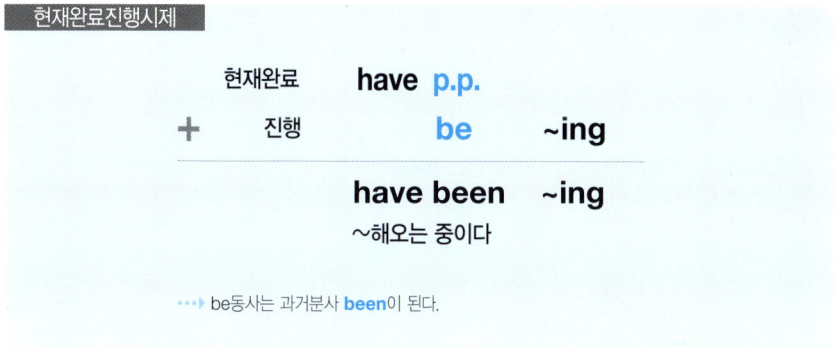

현재완료   **have p.p.**
\+ 진행   **be ~ing**
―――――――――――――――――
         have been ~ing
         ~해오는 중이다

···▶ be동사는 과거분사 **been**이 된다.

완료시제와 완료진행시제를 표로 한눈에 비교해 보자.

V6 동사변화표

worked	work / works	will work
일했다	일한다	일할 것이다

worked	working	to work
일한	일하는 중인	일할

	과 거	현 재	미 래
완료시제 **have + p.p**	had worked	have worked has worked	will have worked
	일한 상태였다	일한 상태이다	일한 상태일 것이다
완료진행시제 **have been ~ing**		**have been working** **has been working**	
		(과거부터 현재에도) 일해오는 중이다	

* 위의 과거완료신행시제와 미래완료진행시제는 많이 쓰이지는 않지만, 현재완료진행시제를 이해하면 과거와 미래는 쉽게 이해할 수 있고 응용도 할 수 있다.

다른 동사로 해보자.

V6 동사변화표

built	build / builds	will build
지었다	짓는다	지을 것이다

built	building	to build
지은 / 지어진	짓는 중인	지을

	과 거	현 재	미 래
완료시제 **have + p.p**	had built 지은 상태였다	have built has built 지은 상태이다	will have built 지은 상태일 것이다
완료진행시제 **have been ~ing**		**have been building** **has been building** (과거부터 현재에도) **지어오는 중**이다	

- They **have been building** the church for 100 years.

  그들은 그 교회를 100년 동안 **지어오는 중이다.**
  (100년 전부터 시작해서 아직도 짓는 중이라는 뜻이 들어 있다.)

- I **have been waiting** for her since 10.

  나는 그녀를 10시부터 **기다려오는 중이다.**
  (아까부터 기다리기 시작해서 지금도 기다리는 중이다.)
  ※ 영화나 드라마에 자주 나오는 예문이다.
  단순히 기다린다는 것보다, 이전부터 기다려왔다는 것을 강조하기 위해서 사용한다.

- It **has been raining** since last night.

  비가 지난밤부터 **내려오는 중이다.**
  (지난밤부터 내리기 시작해서 지금도 내리는 중이다.)
  ※ 완료시제는 언제나 이전에 일어난 일이 현재까지 영향을 미친다는 것을 염두에 두고 사용하는 표현이다.

I **have been waiting** for her since 10.

나는 그녀를 10시부터 **기다려오는 중이다**.

It **has been raining** since last night.

비가 지난밤부터 **내려오는 중이다**.

Chapter 2

현재완료진행시제 독해연습

1 He **has been taking** pictures in the park every day for three years.

2 She **has been painting** the bench for 2 hours.

3 Mike **has been growing** roses in the garden since 2008.

4 I **have been driving** my car for 7 hours to get to the stadium .

5 It **has been snowing** for 5 days.

6 He **has been working** at the company for 20 years.

7 Our family **has been eating** dinner since 7 o'clock.

8 My children **have been playing** with the toy car for 3 hours.

9 I **have been repairing** my bike, since I came back from school.

10 She **has been listening** to music for 50 minutes.

현재완료진행시제 영작연습

1 그는 사진을 **찍어오는 중이다** 그 공원에서 매일 3년 동안.
　(직업이 사진사)
He _____ pictures in the park every day for three years.

2 그녀는 **칠해오는 중이다** 그 벤치를 2시간 동안.
She _____ the bench for 2 hours.

3 Mike는 **키워오는 중이다** 장미들을 그 정원에 2008년부터.
Mike _____ roses in the garden since 2008.

4 나는 **운전해오는 중이다** 나의 차를 / 7시간 동안 / 그 경기장에 가기 위해서.
I _____ my car for 7 hours to get to the stadium .

5 **눈이오는 중이다** 5일 동안.
It _____ for 5 days.

6 그는 **일해오는 중이다** 그 회사에서 20년 동안.
He _____ at the company for 20 years.

7 우리 가족은 **먹어오는 중이다** 저녁식사를 7시부터.
Our family _____ dinner since 7 o'clock.

8 나의 아이들은 **놀아오는 중이다** 그 장난감 차를 가지고 3시간 동안.
My children _____ with the toy car for 3 hours.

9 나는 **고쳐오는 중이다** 나의 자전거를, 내가 학교에서 돌아온 때부터.
I _____ my bike, since I came back from school.

10 그녀는 음악을 **들어오는 중이다** 50분 동안.
She _____ to music for 50 minutes.

131

2 과거완료진행시제 – 과거 이전에 시작한 일을 과거에도 여전히 하고 있을 때

과거완료진행시제는 그렇게 많이 쓰이지 않으므로 개념만 가볍게 이해하고 넘어가자.

- **Jack** : Last year, when I came here, Tom was building the house.
  작년에 여기 왔을 때, Tom이 그 집을 짓는 중이었지.

  Has Tom **built** it already?
  Tom은 그것을 다 지은 상태야?

- **Mike** : Yes, he has. At that time,
  Tom **had been building** the house for 3 years.
  그때는 Tom이 3년 동안 그 집을 지어오는 중이었지.

  He finished building the house in May this year.
  올해 5월에 그 집 짓는 것을 끝냈어.

- **Jack** : Then we can look around the house.
  그럼 그 집을 지금 구경할 수 있겠군.

- **Mike** : Let's go together.
  함께 가보자.

'과거보다 이전에 시작한 일을 과거의 어떤 시점에서도 하고 있는 중'이었다는 것을 표현할 때 쓰는 시제이다. 그대로 해석 방법만 알고 있어도 '과거완료진행'에 대한 개념이 생긴다.

과거완료진행시제

	과거완료	**had**	**p.p.**
+	진행		**be** ~ing
		had	**been** ~ing
		~해오는 중이었다	

원래 해석은 [~해오고 있는 중인 상태였다]가 더 확실하지만 너무 길어지므로 위와 같이 해석한다.

'had been ~ing'의 모양이고 **'~해오는 중이었다'**라고 해석한다. 가끔 '~해오던'이라고 해석하는 경우가 있는데, 그러면 ~ing의 해석이 달라지므로 나중에 혼동될 수가 있다. 꼭 '~해오는 중'이라고 해석하길 바란다.

많이 쓰는 시제는 아니지만, 알고는 있어야 다른 시제들과 혼동하지 않게 된다. 언젠가 문장 속에서 접하게 되면 기억 날 수 있도록 반드시 익혀두기 바란다.

과거완료진행시제 독해연습

1. He **had been taking** pictures in the park for 3 years.

2. I **had been driving** my car for 7 hours when I got a call last night.

3. She **had been painting** the bench for 2 hours yesterday, when it started to rain.

4. Jane **had been playing** the piano for 3 hours, so I let her take a break.

5. Since last Monday it **had been snowing** for 3 days.

6. When Tom met his friend on the plane, he **had been flying** over 20 hours.

7. Mike **had been growing** roses in the garden since 2008.

8. She **had been listenin**g to music for 50 minutes when she got the call.

9. He **had been working** at the company for 20 years when he won the prize.

10. They **had been living** together for 3 months when I visited them.

과거완료진행시제 영작연습

1 그는 **찍어오는 중이었다** 사진을 3년 동안 그 공원에서.

He _____ pictures in the park for 3 years.

2 나는 **운전해오는 중이었다** 나의 차를 7시간 동안, 내가 지난밤 전화 받았을 때.

I _____ my car for 7 hours, when I got a call last night.

3 그녀는 **칠해오는 중이었다** 그 벤치를 2시간 동안 / 비가 내리기 시작했을 때.

She _____ the bench for 2 hours yesterday, when it started to rain.

4 Jane은 **연주해오는 중이었다** 피아노를 3시간 동안, 그래서 나는 그녀에게 휴식을 취하도록 했다.

Jane _____ the piano for 3 hours, so I let her take a break.

5 지난 월요일 이래로 눈이 **내려오는 중이었다** 3일 동안 .

Since last Monday it _____ for 3 days .

6 Tom이 비행기에서 그의 친구를 만났을 때, 그는 20시간 넘게 **비행해오는 중이었다**.

When Tom met his friend on the plane, he _____ over 20 hours.

7 Mike는 **길러오는 중이었다** 장미들을 그 정원에서 2008년 이래로.

Mike _____ roses in the garden since 2008.

8 그녀는 **들어오는 중이었다** 음악을 50분 동안, 그녀가 전화를 받았을 때.

She _____ to music for 50 minutes when she got the call.

9 그는 **일해오는 중이었다** 그 회사에서 20년 동안, 그가 그 상을 탔을 때.

He _____ at the company for 20 years when he won the prize.

10 그들은 함께 **생활해오는 중이었다** 3개월 동안, 내가 그들을 방문했을 때.

They _____ together for 3 months when I visited them.

3 미래완료진행시제 — 많이 쓰이진 않지만 한 번이라도 봐야 하는 시제

Susan과 Kate가 전화로 내일 약속에 대해서 이야기하고 있다.

- **Susan :** We are supposed to meet tomorrow at 4, aren't we?
  우리 내일 4시에 만나기로 했지, 맞지?

- **Kate :** We are supposed to meet tomorrow at 2.
  우리는 내일 2시에 만나기로 되어 있어.

- **Susan :** I thought it was 4.
  난 4시로 생각했네.

- **Kate :** If you get there at 4,
  I will have been waiting for you for 2 hours.
  네가 만약 내일 4시에 나온다면, 난 2시간동안 널 **기다려오는 중일 거야**.

뭔가 어색한 대화 같지만, 실제로 쓰이는 정확한 표현이다. 우리말은 적당히 말하면 서로 적당히 알아듣고 더 이상 정확한 표현을 하지 않지만, 영어에서는 보다 정확한 표현을 하는 것이 익숙해져 있다. 뭉뚱그려서 표현하던 우리말 표현을 영어식으로 정확하게 표현하는 방법으로 바꿔보자.

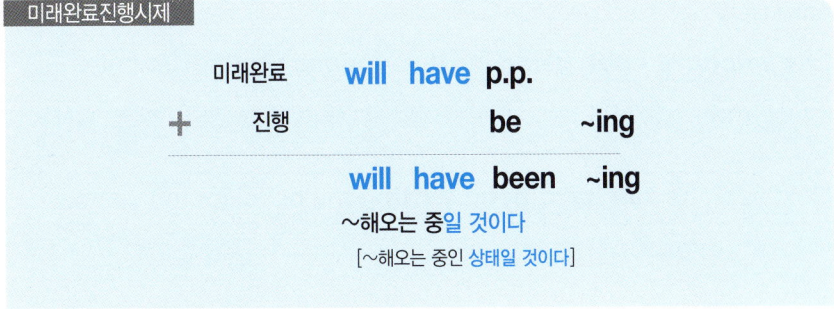

아주 자주 쓰이는 시제는 아니지만 이해해둬야 한다.

Chapter 2

미래완료진행시제 독해연습

1. He **will have been cooking** all day, when she gets home.

2. She **will have been living** in Seoul for one year next month.

3. Next year, he **will have been writing** the novel for ten years.

4. If you visit me tomorrow at 4 p.m., I **will have been working** for seven hours.

5. It **will have been raining** for four days tomorrow.

6. She **will have been making** the chair for two weeks next Sunday

7. I'm fixing my car now. After lunch, I **will have been fixing** my car for 5 hours.

8. Next month, we **will have been building** this house for 5 years.

9. When your mother visits us in autumn, we**'ll have been living** together for three years.

10. Next Monday, Tom **will have been finding** new material for 1 year.

미래완료진행시제 영작연습

1 그는 **요리해오는 중일 것이다** 하루 종일 / 그녀가 집에 돌아왔을 때.

He _____ all day, when she gets home.

2 그녀는 **생활해오는 중일 것이다** 서울에서 1년 동안 / 다음 달이면.

She _____ in Seoul for one year next month.

3 내년이면, 그는 **써오는 중일 것이다** 그 소설을 10년 동안.

Next year, he _____ the novel for ten years.

4 만약 네가 나를 내일 오후 4시에 방문한다면, 나는 **일해오는 중일 것이다** 7시간 동안.
(아침부터 오후 4시까지 7시간 동안)

If you visit me tomorrow at 4 p.m., I _____ for seven hours.

5 **비가 내려오는 중일 것이다** 4일 동안 / 내일이면.

It _____ for four days tomorrow.

6 그녀는 **만들어오는 중일 것이다** 그 의자를 2주 동안 / 다음 일요일이면.

She _____ the chair for two weeks next Sunday

7 나는 고치는 중이다 나의 차를 지금. 점심 후에도, 나는 **고쳐오는 중일 것이다** 나의 차를 5시간 동안.

I'm fixing my car now. After lunch, I _____ my car for 5 hours.

8 다음 달이면, 우리는 **지어오는 중일 것이다** 이 집을 5년 동안.

Next month, we _____ this house for 5 years.

9 너의 엄마가 우리를 방문하는 이번 가을에, 우리는 함께 **생활해오는 중일 것이다** 3년 동안.

When your mother visits us in autumn, we _____ together for three years.

10 다음 월요일이면, Tom은 **찾아오는 중일 것이다** 새로운 재료를 1년 동안.

Next Monday, Tom _____ new material for 1 year.

▶ 능동 시제 전체 정리

	과 거	현 재	미 래
단순시제	work**ed**	**work** work**s**	**will** work
	일했다	일한다	일할 것이다
진행시제 be ~ing	**was** working **were** working	**am** working **is** working **are** working	**will be** working
	일하는 중이었다	일하는 중이다	일하는 중일 것이다
완료시제 have p.p	**had** worked	**have** worked **has** worked	**will have** worked
	일한 상태였다	일한 상태이다	일한 상태일 것이다
완료진행시제 have been ~ing	**had** been working	**have** been working **has** been working	**will have** been working
	일해오는 중이었다	(과거부터 현재에도) 일해오는 중이다	일해오는 중일 것이다

※ 여기까지가 능동태 시제 전체이다.

V6 동사변화표

worked	work / works	will work
일했다	일한다	일할 것이다

worked	working	to work
일한	일하는 중인	일할

▶ 능동 시제 전체 연습

	과 거	현 재	미 래
단순시제	work**ed**	**work** work**s**	**will** work
		일한다	
진행시제 be ~ing	**was** working **were** working	**am** working **is** working **are** working	**will be** working
			일하는 중일 것이다
완료시제 have p.p	**had** worked	**have** worked **has** worked	**will have** worked
			일한 상태일 것이다
완료진행시제 have been ~ing	**had** been working	**have** been working **has** been working	**will have** been working
		(과거부터 현재에도) 일해오는 중**이다**	일해오는 중**일 것이다**

Chapter 3

수동태를 외면하지 마라

1. 수동태

만드는 사람이 있으면, 만들어지는 물건도 있다

미국 유치원생들도 쓰는 수동태가 어려울 리 없다

영어로 말을 하다보면, 수동태 없이 표현하기가 어렵다는 것을 느끼게 된다. 사실은 영어뿐만이 아니라, 우리말에서도 수동태와 같은 표현들이 있는데, 우리말에서는 능동적 표현으로 바꾸어 말하는 것이 더 쉬운 경우가 많다. 그러나 영어에서는 그렇지 않다. **영어는 중요한 것을 가장 먼저 말한다**는 아주 기본적인 규칙이 있기 때문에 수동태 표현은 필수적이다.

영어에서 수동태는 매우 일상적이며 유치원 아이들도 쓸 만큼 흔히 쓰이고, 쉬운 표현방법이다. 여러분이 수동태를 이해하고 나면, 영어에서 모든 동사의 변환이 한 눈에 들어오게 될 것이다. 한 문장에서 동사가 완전히 눈에 들어오면, 뒤 부분은 당연히 목적어에 해당하는 부분이라고 보면 된다.

수동태와 능동태는 주체가 누구냐의 문제이다. **"Tom이 그 집을 짓는다."** 라는 문장이 있다면, 여기서 주체는 Tom이다. 그런데, Tom이 집을 짓는다는 사실보다는, 집이 지어진다는 사실에 초점을 맞춰서 말을 하고 싶을 때가 있다. **"그 집이 Tom에 의해서 지어진다."** 라고 말하고 싶은 것이다. 여기서 주체는 집이 된다. 여기서는 'Tom'이 짓건 그 누가 짓건 상관없고, 그 집이 지어진다는 것이 중요하다는 뜻을 전하고 싶은 것이므로 Tom보다는 '그 집'이 중요한 것이다. **영어는 중요한 것을 가장 먼저 말한다는 것을 반드시 기억하자.**

우리말에서는 대체로 사람을 중요하게 생각하고 사람을 주어로 많이 쓰다 보니까 수동태보다는 능동태를 주로 쓰지만, 영어에서는 주체가 어떤 행위를 하는지 또는 당하는지를 정확히 표현해야 한다.

능동으로 '하다'라는 말이 수동으로는 '되다'이다. '요리사가 요리를 한다'라는 표현에서, 요리가 중요하다고 생각된다면, '요리가 된다 요리사에 의해서'라고 표현할 것이다. 우리말로 '되다'는 '되어지다, 당하다'등 여러 가지로 표현되니까, 문장에서 응용해보는 연습이 필요하다.

- He **does** his work everyday.
  그는 그의 일을 **한다** 매일.

- His work **is done** by him everyday.
  그의 일은 **되어진다** 그에 의해서 매일.

- She **gave** me the present.
  그녀는 그 선물을 나에게 **주었다**.

- The present **was given** to me by her.
  그 선물은 나에게 **주어졌다** 그녀에 의해서.

앞에서, 형용사는 be동사가 있어야 '어떠하다'라는 뜻이 된다고 했다. 과거분사는 동사를 형용사처럼 쓰는 형태라는 것도 보았다. 그런데, 과거분사는 '수동'의 의미가 들어 있다. 과거분사는 '~한'으로도 쓰이지만 '~된'이라고 쓰일 때가 더 많다는 것을 꼭 알아두어야 한다.

즉, 과거분사는 '~한, ~된, ~되어진'의 의미가 있고, 여기에 '이다'의 뜻을 가진 'be 동사'를 붙이면, [~된 + 다 = 된다]가 된다.

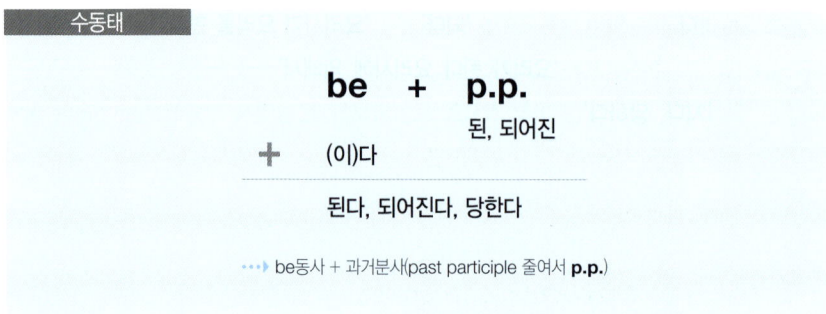

수동태에서도 be동사는 주어와 시제에 따라서 'am, is, are, was, were, will be'로 바뀌지만, 과거분사(p.p.)는 변하지 않는다.

예를 들면,

V6 동사변화표

built	build / builds	will build
지었다	짓는다	지을 것이다

built	building	to build
지은 / 지어진	짓는 중인	지을

에서 과거분사인 built는 '지은/지어진' 둘 다 되지만 수동의 느낌인 '지어진'을 쓰고 be동사만 바뀐다.

- The house **is built** by the people.

  그 집이 **지어진다** 그 사람들에 의해서.

- The house **was built** by the people.

  그 집이 **지어졌다** 그 사람들에 의해서.

V6 동사변화표

covered	cover / covers	will cover
덮었다	덮는다	덮을 것이다

covered	covering	to cover
덮은 / 덮힌	덮는 / 덮는 중인	덮을

- The city **is covered** with snow.
  그 도시는 **덮혀 있다** 눈으로.

- The city **was covered** with snow.
  그 도시는 **덮혀 있었다** 눈으로.

수동태에서도 시제는 be동사의 변화로 나타내고, 과거분사는 변하지 않는다.

능동태의 목적어가 수동태의 주어가 된다는 것은 맞는 말이긴 하지만, 그렇게 생각하기보다는 수동태는 수동태 나름대로의 의미가 있는 것이라고 생각하는 편이 좋다. 문장을 변환하는 것은, 문장의 의미를 알면 쉽게 할 수 있다. 수동태를 사용하려면 수동태 자체의 느낌이 어떤 것인지를 알아야 한다. 수동태로 쓰인 문장은 그 문장의 주어가 중요하기 때문에 맨 앞에 나와 있는 것이고, 그 주어가 어떤 행위를 당하는 것을 표현하고자 하기 때문에 수동태를 쓴 것이다.

가끔, 수동태 문장을 능동태로 해석하면 이해가 쉽다고 수동태를 능동태처럼 해석하는 경우를 보는데, 그렇게 하면 영어의 감각이 생기지 않는다. 당장에 한 문장은 이해하기 쉽지만, 실제의 영어 표현과는 멀어지는 것이다. 수동태를 능동태로 해석하려면, 맨 뒤에 행위자까지 다 듣고 난 다음에 해석을 해야 하는데, 금방 금방 지나가는 대화나 듣기에서는 그런 식으로 뒤까지 다 듣고 능동태로 변환해서 해석하다가는 한마디 듣고 나면 다른 대화는 들을 수가 없다.

앞에서부터 순서대로 주어가 당하는 행위가 진짜로 당하고 있는 것처럼 느껴져야 수동태 감각이 생긴다. 수동태를 능동태로 해석하는 것은 매우 좋지 않다.

POINT!

주어가 어떤 **행위를** 하면 능동태를 쓰고, **주어**가 어떤 **행위를** 당하면 수동태를 쓴다. 뭔가에 의해서 당하므로 '**~에 의해서** 되어진다', '**~로** 되어 있다'를 쓰는 것이다. 경우에 따라서 **by, with, of, from, into** 등이 뒤에 붙는다.

- **The doll is made by the girl.**
  그 인형은 **만들어진다** 그 소녀에 **의해서**

- **This table is made of wood.**
  이 탁자는 나무**로** 만들어진다.

- **This cheese is made from milk.**
  이 치즈는 우유**로부터** 만들어진다. (우유를 가지고 치즈를 만든다는 뜻)

- **This milk is made into cheese.**
  이 우유는 치즈**로** 만들어진다. (결국 우유가 치즈로 변화된다는 뜻)

- **The mountain is covered with white snow.**
  그 산은 덮여 있다 흰 눈**으로**.

  '그 산은 덮고 있다 흰 눈이'라고 해석하면 절대 안 된다.
  그러면 능동도 아니고 수동도 아닌 존재하지도 않는 표현이 되기 때문이다.

수동태는 반드시 수동태로 해석해야 한다. 수동태 뒤에 오는 전치사는 by가 주로 많이 쓰이지만, by만 쓰는 것은 아니다. 위의 예문들처럼 그 뜻에 따라 다른 전치사를 쓴다.

각각의 전치사의 뜻을 이해하면 어떤 전치사가 오든 자유롭게 사용할 수 있다.

Chapter 3

2 수동태 시제의 이름 붙이기

시제의 이름만 외워도 형태가 저절로 떠오른다

수동태와 시제를 표현하는 명칭이 딱히 정해진 것은 없지만, 이 책에서는 수동태로 쓰이는 각 시제의 명칭을 다음과 같이 쓰도록 하자. 능동태 시제의 명칭을 그대로 쓰고, **능동태 시제의 명칭 뒤에 '수동'이라는 말을 붙인다.** 예를 들면, 수동태면서 현재완료진행 시제라면, '**현재완료진행 수동시제**'라고 부르기로 정하는 것이다. 왜냐하면, 이렇게 정한 명칭의 순서대로 시제를 만들면 아주 쉽기 때문이다.

'수동현재완료진행'이라는 말이 더 쉽게 들리지만 이렇게 명칭을 사용하면, 나중에 공식과 차이가 생겨서 응용을 하려고 할 때 혼란스럽게 된다. 변하지 않는 이 공식에 명칭을 맞추어 쓰는 것이 좋다.

Chapter 3

3 단순히 되는 것

하는 것이 아니고, 되는 것이다

---

1 단순현재 수동시제 – 어제, 오늘과 상관없이 언제나 되는 것

Mike의 집에 놀러 온 Jack은 Mike의 책상 서랍에서 멋진 시계를 발견했다.

- **Jack** : Mike, this watch is nice.
  Mike, 이 시계 멋진데.

- **Mike** : Ah, my father bought me this watch for my birthday.
  아, 아버지가 이 시계를 내 생일 선물로 사주셨어.

- **Jack** : Where is this brand made?
  이런 브랜드는 어디서 만들어지는 거야?

- **Mike** : This model of watch **is made** in Switzerland. (만들어진다)
  이 모델의 시계들은 스위스에서 **만들어져**.

  Many watches **are exported** to lots of country. (수출된다)
  많은 시계들이 여러 나라로 **수출되지**.

이 대화에서 '시계는 만든다'가 아니고, '시계는 만들어진다'이다.
시계는 '수출한다'가 아니고, '수출된다'이다.

단순현재 수동시제

```
am
is      +   p.p. (과거분사)
are
─────────────────────
(이)다   +   ~된  =  된다
```

수동태의 단순현재 시제는 '~된다, ~되어진다, ~당한다'로 해석한다. 과거나 현재, 미래에 관계없이 언제나 그렇다는 것을 표현하는 것이 단순현재 시제이며, 누군가에 의해서 되어지는 것을 표현하므로 수동태이다. 그래서 단순현재 수동시제라고 한다.

위의 대화에서 누가 만드는지, 누가 수출하는지는 중요하지 않다. 수동태에서는 주어가 어떤 일을 당하는지가 가장 중요하기 때문이다. 여기서는 '시계'가 중요하다. 시계(수동태 문장의 주어)가 어떤 일을 당하는지를 분명하게 표현하고 이해해야 한다.

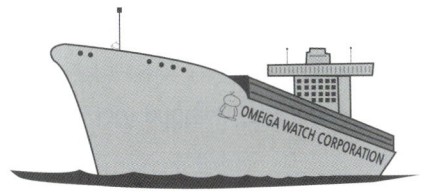

2 능동시제와 수동시제의 비교

	과 거	현 재	미 래
단순시제 능동		make makes	
		만든다	
단순시제 수동		am made is made are made	
		만들어진다	

- Grace **makes** the Pooh dolls.
  Grace는 **만든다** 그 푸우 인형들을.

- The Pooh dolls **are made** by Grace.
  그 푸우 인형들은 **만들어진다** Grace에 의해서.

'수동태의 현재형'도 역시 '~ㄴ다'로 해석한다. 수동태이므로 '~된다, ~되어진다, ~당한다'로 해석한다. 그러나 가끔 '~되어 있다, ~되어져 있다'로 해석하는 게 부드러운 경우도 있다. be동사는 원래 '있다'의 뜻이므로 함께 알아두자.

The dolls **are made** by him.

Chapter 3

단순현재 수동시제 독해연습

1. This piano **is played** by Gloria.

2. The bowl **is made** of glass and steel.

3. We **are taught** English by Miss Smith.

4. The city **is covered** with a huge cloud of volcanic gas and ash.

5. Lately a lot of work **is done** by volunteer workers.

6. This white dog **is loved** by many children.

7. The dinner **is served** at 6 in this hotel.

8. The jar **is filled** with candy.

9. English **is spoken** in Canada.

10. This pen **is used** by many students.

단순현재 수동시제 영작연습

1 이 피아노는 **연주된다** Gloria에 의해서.

This piano _____ by Gloria.

2 그 그릇은 **만들어져 있다** 유리와 금속으로.

The bowl _____ of glass and steel.

3 우리는 **가르쳐진다** 영어를 Smith 선생님에 의해서. (가르침 받는다)

We _____ English by Miss Smith.

4 그 도시는 **덮여 있다** 화산의 가스와 재의 큰 구름으로.

The city _____ with a huge cloud of volcanic gas and ash.

5 최근에 많은 일이 **되어진다** 자원봉사자들에 의해서.

Lately a lot of work _____ by volunteer workers.

6 이 흰 개는 **사랑되어진다** 많은 아이들에 의해서. (사랑받는다)

This white dog _____ by many children.

7 저녁식사가 **제공되어진다** 6시에 이 호텔에서는.

The dinner _____ at 6 in this hotel.

8 그 항아리는 **채워져 있다** 사탕으로.

The jar _____ with candy.

9 영어는 **말 되어진다** 캐나다에서. (많이 사용되는 영어식 표현이다.
우리말로는 '언어로 사용된다'가 자연스럽지만 영어식 감각을 익히자.)

English _____ in Canada.

10 이 펜은 **사용된다** 많은 학생들에 의해서.

This pen _____ by many students.

3 단순과거 수동시제 - 이전에 된 것

Mike의 집에 놀러간 Jack은 Mike의 집에서 멋진 꽃병을 발견했다.

- **Jack** : How much is this vase?
  이 꽃병은 얼마짜리야?

- **Mike** : It's not expensive. It **was made** in China.
  비싸지 않아. 그것은 중국에서 만들어졌어.

- **Jack** : Really? It looks good.
  정말? 좋아 보이는걸.

- **Mike** : This table **was made** in another country, too.
  이 탁자도 다른 나라에서 만들어졌지.

단순과거 수동시제도 과거분사는 모양이 변하지 않고, be동사만 과거로 바뀐다.

단순과거 수동시제

was + **p.p.** (과거분사)
were
이었다/있었다 + ~된
= 되었다, 되어 있었다

수동태 과거 시제는 '~되었다, ~되어졌다, ~당했다'로 해석한다.
문장에 따라서는 '~되어 있었다'가 더 자연스러운 경우도 있다.

- How much is this vase?

- Really? It looks good.

- It's not expensive.
  It was made in China.

- This table was made in another country, too.

Chapter 3

단순과거 수동시제 독해연습

1. The top of the tower **was made** of steel in 1990.

2. This violin **was played** by Gloria three years ago.

3. We **were taught** English by Miss Smith in high school.

4. The city **was covered** with a huge cloud yesterday.

5. A lot of work **was done** by volunteer workers last year.

6. This white dog **was loved** by many children.

7. The dinner **was served** at 6 in this hotel.

8. The jar **was filled** with candy yesterday. But it's empty now.

9. French **was spoken** in England in the past.

10. This pen **was used** by many students, when I was young.

단순과거 수동시제 영작연습

1. 그 탑의 꼭대기는 **만들어졌다** 금속으로 1990년에.

   The top of the tower _____ of steel in 1990.

2. 이 바이올린은 **연주되었다** Gloria에 의해서 3년 전에.

   This violin _____ by Gloria three years ago.

3. 우리는 **가르쳐졌다**(가르침 받았다) 영어를 Smith선생님에 의해서 / 고등학교에서.

   We _____ English by Miss Smith in high school.

4. 그 도시는 **덮여 있었다** 큰 구름으로 / 어제.

   The city _____ with a huge cloud yesterday.

5. 많은 일이 **되어졌다** 자원봉사자들에 의해서 지난해에.

   A lot of work _____ by volunteer workers last year.

6. 이 흰 개는 **사랑받았다** 많은 아이들에 의해서.

   This white dog _____ by many children.

7. 그 저녁식사는 **제공되었다** 6시에 이 호텔에서.

   The dinner _____ at 6 in this hotel.

8. 그 항아리는 **채워져 있었다** 사탕으로 어제. 그러나 지금은 비어 있다.

   The jar _____ with candy yesterday. But it's empty now.

9. 프랑스어는 **말 되었다**(말로 쓰였다) 영국에서 과거에.

   French _____ in England in the past.

10. 이 펜은 **사용되었다** 많은 학생들에 의해서, 내가 어렸을 때.

    This pen _____ by many students, when I was young.

4　단순미래 수동시제 – 앞으로 뭔가가 될 것을 말하고 싶다

Susan은 틈틈이 음악에 관한 책을 쓰고 있다. Kate와 만난 그녀는 그녀의 책에 관해서 이야기한다.

- **Susan :** These days, I'm writing a book.
  요즘, 나 책 써.

- **Kate :** What kind of book are you writing?
  무슨 책을 쓰는데?

- **Susan :** It's about music. My book will be published about next month.
  음악에 관한 거야. 내 책은 다음 달쯤에 출판될 거야.

- **Kate :** That's great. I'll buy one.
  대단하다. 나도 하나 살게.

누가 출판하는가보다는 책이 출판된다는 것이 중요하기 때문에 수동태로 표현했다.
앞으로 출판될 것이기 때문에 단순미래 수동시제를 썼다.

단순미래 수동시제

will be ＋ **p.p.** (과거분사) ····▶ 과거분사는 변하지 않는다

~일 것이다 ＋ ~된, ~되어진

＝ ~될 것이다

V6 동사변화표

| made | make / makes | will make |
| 만들었다 | 만든다 | 만들 것이다 |

| made | making | to make |
| 만든 / 만들어진 | 만드는 중인 | 만들 |

능동시제와 수동시제를 비교해보자.

	과 거	현 재	미 래
단순시제 능동	made	make makes	will build
	만들었다	만든다	만들 것이다
단순시제 수동	was made were made	am made is made are made	will be made
	만들어졌다 만들어져 있었다	만들어진다 만들어져 있다	만들어질 것이다

빈칸을 채워보자.

	과 거	현 재	미 래
단순시제 능동	made	make makes	will build
		만든다	
단순시제 수동		am made is made are made	
	만들어 졌다 만들어져 있었다		만들어질 것이다

161

단순미래 수동시제 독해연습

1. The wall of the museum **will be made** of stone in 2020.

2. This car **will be used** for the next race.

3. These desks **will be sent** to the school.

4. This city **will be covered** with white snow on Christmas day.

5. This work **will be done** by Grace on Saturday.

6. This black dog **will be trained** by the man.

7. The soccer team **will be supported** by the sponsor.

8. The basket **will be filled** with apples this afternoon.

9. Jenny **will be invited** to the party.

10. This chair **will be used** by my grandmother.

단순미래 수동시제 영작연습

1. 그 박물관의 벽은 **만들어질 것이다** 돌로 2020년에.

   The wall of the museum _____ of stone in 2020.

2. 이 차는 **사용될 것이다** 다음 경주에.

   This car _____ for the next race.

3. 이 책상들은 **보내질 것이다** 그 학교로.

   These desks _____ to the school.

4. 이 도시는 **덮일 것이다** 흰 눈으로 크리스마스에는.

   This city _____ with white snow on Christmas day.

5. 이 일은 **될 것이다** Grace에 의해서 토요일에.

   This work _____ by Grace on Saturday.

6. 이 검은 개는 **훈련될 것이다** 그 남자에 의해서.

   This black dog _____ by the man.

7. 그 축구팀은 **지원될 것이다** 그 후원자에 의해서.

   The soccer team _____ by the sponsor.

8. 그 바구니는 **채워질 것이다** 사과들로 오늘 오후에.

   The basket _____ with apples this afternoon.

9. Jenny는 **초대될 것이다** 그 파티에.

   Jenny _____ to the party.

10. 이 의자는 **사용될 것이다** 나의 할머니에 의해서.

    This chair _____ by my grandmother.

4 수동태의 진행형

그 순간에 뭔가 되고 있는 것만 말할 때

딱 그 순간에 되고 있는 것만 표현한다

1 현재진행 수동시제 – 지금 현재 되고 있는 것을 말할 때

Susan과 Kate는 점심을 함께 먹으려고 전화 통화를 하는 중이다.

- **Susan:** What do you think about having lunch together Kate?
  점심 같이 먹는 거 어떻게 생각해. Kate?

- **Kate :** Ok, where is a good place for lunch?
  좋아, 점심 먹기에 어디가 좋을까?

- **Susan:** How about that restaurant on the handbill?
  전단지에 나온 식당 어때?

- **Kate :** The restaurant **is being built** now. It'**s not opened** yet.
  그 식당은 지금도 **지어지는 중이야**. 거기는 아직 **열리지도 않았어**.

  How about the restaurant across from my office?
  내 사무실 건너편 식당 어때?

현재진행 능동시제는 '~하는 중이다'이고, 현재진행 수동시제는 '~되는 중이다'이다.

현재진행 수동시제

현재진행　**be**(am/is/are) + **~ing**
\+ 수동태　　　　　　　**be** + **p.p.** (과거분사)

　　　　be　　　　　　**being**　**p.p.**
　　　　이다　　　　　　되는중
　　= 되는 중이다

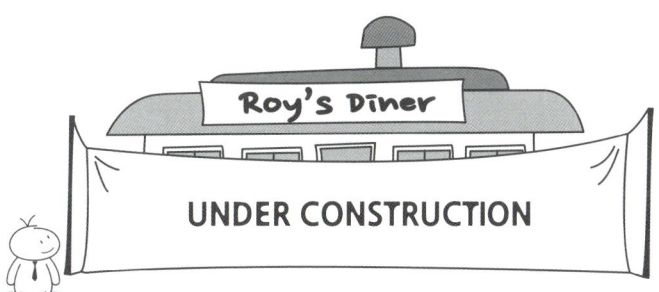

The restaurant **is being built**.

Chapter 3

현재진행 수동시제 독해연습

1. The wall of the museum **is being made** of stone now.

2. This car **is being used** for the race.

3. These chairs **are being sent** to the school.

4. This city **is being covered** with white snow.

5. This work **is being done** by Grace now.

6. This black dog **is being trained** by the man.

7. The piano **is being played** by Kate.

8. The basket **is being filled** with apples.

9. The cat **is being washed** by Jenny.

10. The stick **is being used** by my grandmother.

현재진행 수동시제 영작연습

1 그 박물관의 벽은 **만들어지는 중이다** 돌로 지금.

The wall of the museum _____ of stone now.

2 이 차는 **사용되는 중이다** 경주에.

This car _____ for the race.

3 이 의자들은 **보내지는 중이다** 그 학교로.

These chairs _____ to the school.

4 이 도시는 **덮이는 중이다** 흰 눈으로.

This city _____ with white snow.

5 이 일은 **되는 중이다** Grace에 의해서 지금.

This work _____ by Grace now.

6 이 검은 개는 **훈련되는 중이다** 그 남자에 의해서.

This black dog _____ by the man.

7 그 피아노는 **연주되는 중이다** Kate에 의해서.

The piano _____ by Kate.

8 그 바구니는 **채워지는 중이다** 사과들로.

The basket _____ with apples.

9 그 고양이는 **씻겨지는 중이다** Jenny에 의해서.

The cat _____ by Jenny.

10 그 지팡이는 **사용되는 중이다** 나의 할머니에 의해서.

The stick _____ by my grandmother.

1 과거진행 수동시제 – 과거의 어떤 순간에 되고 있던 것을 말할 때

Jack의 집에 들른 Mike는 마당에서 아이들과 놀고 있는 훈련이 잘 된 개를 보고 신기해한다.

- **Mike** : I think that I have seen this dog somewhere before.
  이 개를 전에 어디서 본 것 같은데. (본 상태인 것 같은데)

- **Jack** : Right, we saw it when we visited Neo's farm.
  맞아, 우리가 함께 Neo의 농장에 갔을 때 봤지.

  The dog **was being trained** there.
  그 개는 거기서 훈련되는 중이었어. (훈련받는 중이었어)

- **Mike** : It seems to be a well-trained dog.
  잘 훈련된 개인 것 같구나.

* was training : 훈련하는 중이었다.
  was being trained : 훈련되는 중이었다. (훈련받는 중이었다)

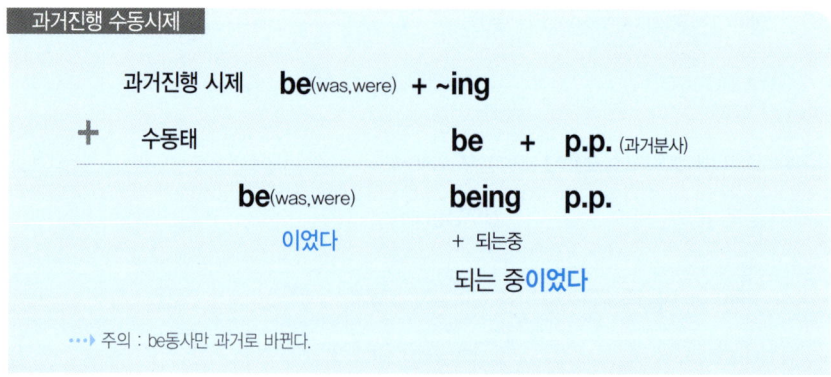

The dog was being trained there.
그 개는 거기서 **훈련되는 중이었어**. (훈련 받는 중이었어)

Chapter 3

과거진행 수동시제 독해연습

1. The table **was being made** of wood last weekend.
   ⋯▶

2. This car **was being painted** this afternoon, so I couldn't use it.
   ⋯▶

3. The tables **were being sent** to the office when I visited the shop.
   ⋯▶

4. This city **was being covered** with white snow, when she called last night.
   ⋯▶

5. This work **was being done** by Grace in the morning.
   ⋯▶

6. This black dog **was being trained** by Neo last year.
   ⋯▶

7. The actor **was being directed** by the director.
   ⋯▶

8. The basket **was being filled** with flowers.
   ⋯▶

9. The cat **was being washed** by Jenny at 10.
   ⋯▶

10. The stick **was being used** by my grandmother in the morning.
    ⋯▶

과거진행 수동시제 영작연습

1 그 테이블은 **만들어지는 중이었다** 나무로 지난 주말에.

The table _____ of wood last weekend.

2 이 자동차는 **칠해지는 중이었다** 오늘 오후에. 그래서 나는 그것을 사용할 수가 없었다.

This car _____ this afternoon, so I couldn't use it.

3 그 탁자들은 **보내지는 중이었다** 그 사무실로, 내가 거기를 방문했을 때.

The tables _____ to the office when I visited the shop.

4 이 도시는 **덮이는 중이었다** 흰 눈으로, 지난 밤 그녀가 전화했을 때.

This city _____ with white snow, when she called last night.

5 이 일은 **되는 중이었다** Grace에 의해서 오늘 아침에.

This work _____ by Grace in the morning.

6 이 개는 **훈련되는 중이었다** Neo에 의해서 지난해에.

This dog _____ by Neo last year.

7 그 배우는 **지도되는 중이었다** (지도 받는 중이었다) 그 감독에 의해서.

The actor _____ by the director.

8 그 바구니는 **채워지는 중이었다** 꽃들로.

The basket _____ with flowers.

9 그 고양이는 **씻겨지는 중이었다** Jenny에 의해서 10시에.

The cat _____ by Jenny at 10.

10 그 지팡이는 **사용되는 중이었다** 나의 할머니에 의해서 아침에.

The stick _____ by my grandmother in the morning.

3　미래진행 수동시제 – 미래의 어떤 순간에 되고 있는 중인 것을 말할 때

Jack과 Mike는 고장 난 Mike의 카메라를 수리점에 맡기러 왔다.

- **Mike** : I will be able to bring back my camera tomorrow.
  내일이면 내가 카메라를 다시 가져갈 수 있을 거야.

- **Jack** : I don't think so, because it usually takes a long time.
  그렇지는 않을 걸. 보통은 오래 걸리거든.

  Even if we come back here tomorrow, this camera **will** still **be being repaired**.
  우리가 내일 다시 여기 오더라도, 이 카메라는 여전히 수리되는 중일 거야.

- **Mike** : Then, can I borrow your camera?
  그럼, 네 카메라를 좀 빌릴 수 있을까?

- **Jack** : Sure.
  물론이지.

미래진행 수동시제

| 미래진행 | **will be** + ~ing |
| 수동태 | be + p.p. |

will be　being　p.p.
되는 중일 것이다

[능동과 수동 비교]

- He **will be repairing** this camera.
  그는 수리하는 중 일 것이다 이 카메라를

- This camera **will be being repaired** by him.
  이 카메라는 수리되는 중 일 것이다 그에 의해서.

V6 동사변화표

| repaired | repair / repairs | will repair |
| 수리했다 | 수리한다 | 수리할 것이다 |

| repaired | repairing | to repair |
| 수리한/수리된 | 수리하는 중인 | 수리할 |

		과 거	현 재	미 래
단순시제 수동		was repaired were repaired	(am repaired) is repaired are repaired	will be repaired
		수리되었다	수리된다	수리될 것이다
진행 수동시제 **be being p.p.**		**was** being repaired **were** being repaired	**am** being repaired **is** being repaired **are** being repaired	**will be** being repaired
		수리되는 중이었다	수리되는 중이다	수리되는 중일 것이다

173

Chapter 3

미래진행 수동시제 독해연습

1. Your shoes **will be being made** next weekend.

2. This wall **will be being painted** this afternoon.

3. Those radios **will be being carried** to the store at 2 p.m.

4. These fallen leaves **will be being gathered** by some girls tomorrow afternoon.

5. These dishes **will be being washed** by the dishwasher in the evening.

6. This lion **will be being trained** by the trainer next month.

7. The house **will be being fixed** next week.

8. The container **will be being filled** with many desks at 11 a.m.

9. The books **will be being read** by many children in 2030.

10. The desk **will be being used** by a new owner in October.

미래진행 수동시제 영작연습

1 너의 신발은 **만들어지는 중일 것이다** 다음 주말에는.

Your shoes _____ next weekend.

2 이 벽은 **칠해지는 중일 것이다** 오늘 오후에는.

This wall _____ this afternoon.

3 저 라디오들은 **운반되는 중일 것이다** 가게 안으로 오후 2시에는.

Those radios _____ into the store at 2 p.m.

4 이 떨어진 나뭇잎들은 **모아지는 중일 것이다** 몇몇 소녀들에 의해서 내일 오후에는.

These fallen leaves _____ by some girls tomorrow afternoon.

5 이 접시들은 **씻겨지는 중일 것이다** 그 식기세척기에 의해서 저녁에는.

These dishes _____ by the dishwasher in the evening.

6 이 사자는 **훈련되는 중일 것이다** 그 조련사에 의해서 다음 달에는.

This lion _____ by the trainer next month.

7 그 집은 **수리되는 중일 것이다** 다음 주에는.

The house _____ next week.

8 그 컨테이너는 **채워지는 중일 것이다** 많은 책상들로 오전 11시에는.

The container _____ with many desks at 11 a.m.

9 그 책들은 **읽혀지는 중일 것이다** 많은 아이들에 의해서 2030년에는.

The books _____ by many children in 2030.

10 그 책상은 **사용되는 중일 것이다** 새로운 주인에 의해서 10월에는.

The desk _____ by a new owner in October.

수동태의 완료시제에는 언제나 been이 있다

been은 be동사의 과거분사로 ~인, ~이었던, ~있었던 으로 해석한다

1 현재완료 수동시제 – 예전에 된 것이 지금 어떤지 말하고 싶을 때

Jack은 다음 주말에 야구 경기를 보러 갈 생각이다. Susan과 함께 가고 싶어서 전화를 했다.

- **Jack** : Susan, it's me. I'm going to go to the baseball game next weekend.
  Susan, 나야. 나는 다음 주말에 야구 경기를 보러 갈 예정이야.

  What do you think about going with me?
  나와 함께 가는 거 어때?

- **Susan** : I'm sorry. I have an appointment next weekend.
  미안해. 다음 주말엔 약속이 있어.

- **Jack** : With whom?
  누구와?

- **Susan** : I **have been invited** to Kate's housewarming party.
  난 이미 Kate의 집들이에 **초대된 상태야**.

- **Jack** : I see, then I'll call Mike instead.
  그렇구나. 그러면 대신에 Mike에게 전화해야겠다.

현재완료 수동시제

현재완료	have	p.p.		~한 상태이다
+ 수동태		be	+ p.p.	~된다
현재완료 수동	have	been	p.p.	~된 상태이다

▸ 완료시제와 수동태를 합치면 **be동사**는 과거분사형인 **been**(~된)이 된다.

현재완료의 과거분사 부분 p.p.와 수동태의 be동사부분이 합쳐져서 be동사의 과거분사인 been이 되었다. 여기서는 been만 따로 해석하지 않고, 뒤에 있는 p.p.와 함께 붙여서 해석해야 한다. 다음 비교를 통해서 확실히 익혀두자.

- He has **invited** me.
  그는 **초대한 상태이다** 나를.

- I have **been invited** by him.
  나는 **초대된 상태이다** 그에 의해서.

완료 수동 시제에는 언제나

V6 동사변화표

repaired	repair / repairs	will repair
수리했다	수리한다	수리할 것이다

repaired	repairing	to repair
수리한/수리된	수리하는 중인	수리할

수동태 시제 정리표

	과거	현재	미래
단순시제 수동	was repaired were repaired	(am repaired) is repaired are repaired	will be repaired
	수리되었다	수리된다	수리될 것이다
진행 수동시제 **be being p.p.**	was being repaired were being repaired	am being repaired is being repaired are being repaired	will be being repaired
	수리되는 중이었다	수리되는 중이다	수리되는 중일 것이다
완료 수동시제 **have been p.p.**		have been repaired has been repaired	
		수리된 상태이다	

능동태 ⋯ He has **repaired** the watch.

    그는 **수리한 상태이다** 그 시계를.

수동태 ⋯ The watch has **been repaired** by him.

    그 시계는 **수리된 상태이다** 그에 의해서.

The window **has been broken**.

그 유리창이 깨진 상태이다.

Chapter 3

현재완료 수동시제 독해연습

1. The window **has been broken** by the kids.

2. The heroes of the war **have been forgotten** by the people.

3. Most houses **have been destroyed** in the war.

4. Her hair style **has been changed** by her hair dresser.

5. The escaped monkey **has been caught** by the trainer.

6. The gates **have been locked** by the guard.

7. The beautiful house **has been built** by lots of workers.

8. This bench **has been painted** by Olivia.

9. The meeting **has been canceled** by the manager.

10. Sending invitations **has been finished** by them.

현재완료 수동시제 영작연습

1. 그 창문은 **깨진 상태이다** 그 아이들에 의해서.

   The window _____ by the kids.

2. 그 전쟁 영웅들은 **잊혀진 상태이다** 그 사람들로부터.

   The heroes of the war _____ by the people.

3. 대부분의 집들이 **파괴된 상태이다** 그 전쟁 중에.

   Most houses _____ in the war.

4. 그녀의 머리 모양이 **바뀐 상태이다** 그녀의 미용사에 의해서.

   Her hair style _____ by her hairdresser.

5. 탈출한 원숭이가 **잡힌 상태이다** 그 조련사에 의해서.

   The escaped monkey _____ by the trainer.

6. 그 출입구들이 **잠긴 상태이다** 그 경비원에 의해서.

   The gates _____ by the guard.

7. 그 아름다운 집이 **지어진 상태이다** 많은 일꾼들에 의해서.

   The beautiful house _____ by lots of workers.

8. 이 벤치는 **칠해진 상태이다** Olivia에 의해서.

   This bench _____ by Olivia.

9. 그 회의는 **취소된 상태이다** 그 관리자에 의해서.

   The meeting _____ by the manager.

10. 초대장 보내기가 **끝마쳐진 상태이다** 그들에 의해서.

    Sending invitations _____ by them.

1 **과거완료 수동시제** – 과거 이전에 된 것이 과거에는 어떤 상태였는지 말할 때

회의에 20분이나 늦은 Jack은 서둘러 회의실에 가봤지만 아무도 없었다.
상황이 궁금해진 Jack은 Mike에게 물었다.

- **Jack** : Is the meeting finished already?
  회의가 벌써 끝났어?

- **Mike** : When I came here, the meeting **had been canceled.**
  내가 여기 도착했을 때 이미 회의가 **취소된 상태였어.**

- **Jack** : Thank God. Then, when is the next meeting?
  다행이다. 그럼, 다음 회의는 언제야?

- **Mike** : It **has been posted** on the bulletin board. Look at that.
  그것은 이미 게시판에 **게시된 상태야.** 저것 봐.

과거완료 수동시제

had **been p.p.**
상태였다 ~된/되어진

~된 상태였다 / ~되어진 상태였다

[능동태와 수동태의 비교]

- The manager **had canceled** the meeting.
  그 매니저가 **취소한 상태였다** 그 회의를. (능동)

- The meeting **had been canceled** by the manager.
  그 회의는 **취소된 상태였다** 그 매니저에 의해서. (수동)

- The house **had been built**, when we visited there last year.
  그 집은 **지어진 상태였다**. 우리가 작년에 거기를 방문했을 때. (수동)

Chapter 3

과거완료 수동시제 독해연습

1. The window **had been broken**, when we arrived at the house.

2. The article **had been forgotten**, when it was posted on the Internet.

3. The museum **had been closed**, when we visited there.

4. Beckham's hair style **had been changed**, when I met him.

5. The escaped tiger **had been caught**, when we saw it on TV.

6. The gates **had been locked** at 9.

7. The beautiful house **had** already **been built** last summer.

8. This bench **had been painted**, when I tried to move it somewhere.

9. The meeting **had been started**, when I got to the office.

10. Sending invitations **had been finished**, when I found the mistake.

과거완료 수동시제 영작연습

1. 그 창문은 **깨진 상태였다**, 우리가 그 집에 도착했을 때.

   The window _____ , when we arrived at the house.

2. 그 기사는 **잊혀진 상태였다**, 그것이 인터넷에 실렸을 때.

   The article _____ , when it was posted on the Internet.

3. 그 박물관은 **닫힌 상태였다**, 우리가 거기를 방문했을 때.

   The museum _____ , when we visited there.

4. 베컴의 머리 모양은 **바뀐 상태였다**, 내가 그를 만났을 때.

   Beckham's hair style _____ , when I met him.

5. 탈출한 호랑이는 **잡힌 상태였다**, 우리가 그것을 TV에서 봤을 때.

   The escaped tiger _____ , when we saw it on TV.

6. 그 출입문은 **잠긴 상태였다** 9시에는.

   The gates _____ at 9.

7. 그 아름다운 집은 **지어진 상태였다** 이미 지난여름에는.

   The beautiful house _____ already _____ last summer.

8. 이 벤치는 **칠해진 상태였다**, 내가 그것을 어딘가로 옮기려고 했을 때.

   This bench _____ , when I tried to move it somewhere.

9. 그 회의는 **시작된 상태였다**, 내가 그 사무실에 도착했을 때.

   The meeting _____ , when I got to the office.

10. 초대장 보내기는 **끝난 상태였다**, 내가 그 실수를 발견했을 때는.

    Sending invitations _____ , when I found the mistake.

3 미래완료 수동시제 – 미래에 이미 되어져 있는 상태를 말할 때

영화를 같이 보기로 한 Kate와 Mike는 7시에 시작될 영화를 보기 위해서 미리 약속을 했지만, Mike는 회사에 일이 생겨서 늦을 것 같다.

- **Mike** : It's me, I will be late for the movie.
  나야, 나 그 영화에 늦을 것 같아.

- **Kate** : Then, I'll be waiting for you.
  그러면, 내가 기다릴게.

- **Mike** : Um, I'll get there about 7:30.
  음, 나 거기에 7:30 쯤 도착할 것 같아.

- **Kate** : The movie **will have been started** already at that time.
  그 때면 영화가 이미 **시작된 상태일 거야**.

- **Mike** : I'm sorry.
  미안해.

미래완료 수동시제

will have   **been p.p.**
~상태일 것이다   ~된/되어진

= ~된 상태일 것이다

···▶ 조동사 다음에는 무조건 동사원형이므로 'will' 다음에는 'have' 만 쓰이고, 'has'는 쓰이지 않는다.

V6 동사변화표

repaired	repair / repairs	will repair
수리했다	수리한다	수리할 것이다

repaired	repairing	to repair
수리한/수리된	수리하는 중인	수리할

	과거	현재	미래
단순시제 **수동**	was repaired were repaired	(am repaired) is repaired are repaired	will be repaired
	수리되었다	수리된다	수리될 것이다
진행 **수동시제** **be being p.p.**	was being repaired were being repaired	am being repaired is being repaired are being repaired	will be being repaired
	수리되는 중이었다	수리되는 중이다	수리되는 중일 것이다
완료 **수동시제** **have been p.p.**	had been repaired	have been repaired has been repaired	will have been repaired
	수리된 상태였다	수리된 상태이다	수리된 상태일 것이다

187

미래완료 수동시제 독해연습

*꼭 알아야 할 시제이지만 자주 쓰이지는 않으므로, 가볍게 연습해 보자.

1 The window **will have been broken** when we arrive at the house.

2 The article **will have been forgotten** when it is posted on the Internet.

3 The museum **will have been closed** when we visit there.

4 This tree **will have been cut** when we come back here this fall.

5 My car **will have been fixed** when I get there.

미래완료 수동시제 영작연습

1. 그 창문은 **깨진 상태일 것이다**, 우리가 그 집에 도착할 때면.

   The window _____ when we arrive at the house.

2. 그 기사는 **잊혀진 상태일 것이다**, 그것이 인터넷에 올려졌을 때는.

   The article _____ when it is posted on the Internet.

3. 그 박물관은 **닫힌 상태일 것이다**, 우리가 거기를 방문할 때면.

   The museum _____ when we visit there.

4. 이 나무는 **잘린 상태일 것이다**, 우리가 이번 가을에 여기 돌아올 때면.

   This tree _____ when we come back here this fall.

5. 나의 차는 **고쳐진 상태일 것이다**, 내가 거기 도착할 때면.

   My car _____ when I get there.

Been과 Being이 함께 들어 있어도 문제없다

been은 과거분사, being은 현재분사

1 현재완료진행 수동시제 – 이전에 시작된 일이 지금도 되는 중이야

이번 단원은 시제의 마지막이다. 완료진행 수동시제는 다른 시제에 비해서 많이 쓰이지는 않지만, 전혀 안 쓰이는 시제는 아니므로 연습은 해두어야 한다.

Susan과 Jack은 근사한 음악과 함께 저녁식사를 하는 중이다. 한 눈에 보기에도 오래되어 보이는 피아노가 연주되고 있다.

- **Susan:** Wow, how old is that piano?
  와, 저 피아노는 얼마나 오래된 거야?

- **Jack :** That piano **has been being played** since this restaurant was built.
  저 피아노는 이 식당이 지어졌을 때부터 연주되어 오는 중이야.

- **Susan:** That's great.
  정말 멋지다.

현재완료진행 수동시제

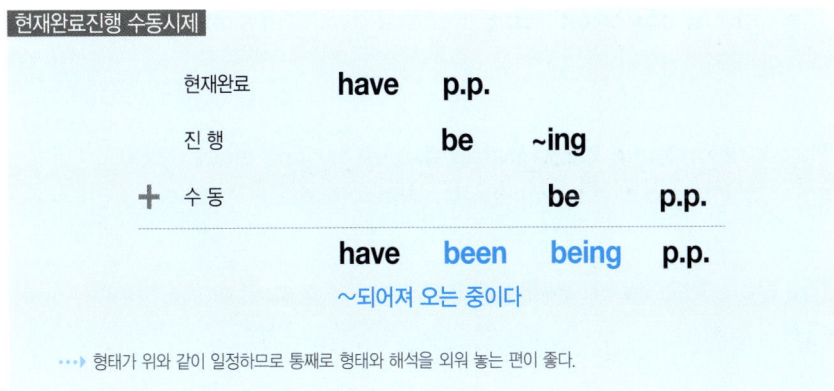

···▶ 형태가 위와 같이 일정하므로 통째로 형태와 해석을 외워 놓는 편이 좋다.

'완료 + 진행 + 수동태'가 모두 결합된 시제이다. 해석은 '~되어져 오는 중이다'라고 한다. have의 뜻을 살려서 '되어져 오는 중인 상태이다'라고 해야 하지만 너무 길기 때문에 줄여서 '되어져 오는 중이다'라고 한다. 영어에서의 모양은 이대로 정해진 대로 쓰인다. 그러므로 공식과 해석 방법을 그대로 익혀서 해석하기 바란다. 이 시제가 완전히 익혀지기 전에 다른 식으로 해석을 하면, 다른 시제들도 혼동되어 시제 전체가 흔들리기 쉽다.

Chapter 3

현재완료진행 수동시제 독해연습

1. The window **has been being cleaned** by David since he came back home.

2. The cartoon **have been being drawn** by Ted since 1980.

3. The store **has been being filled** with new stuff since they opened it.

4. This park **has been being cleaned** by Paul, since it was built there.

5. My car **has been being fixed**, since yesterday morning.

현재완료진행 수동시제 영작연습

1. 그 창문은 **닦여져 오는 중이다** David에 의해서, 그가 집에 돌아왔을 때부터

   The window _____ by David since he came back home.

2. 그 만화는 **그려져 오는 중이다** Ted에 의해서 1980년 이래로.

   The cartoon _____ by Ted since 1980.

3. 그 가게는 **채워져 오는 중이다** 새로운 물건들로 / 그들이 그것을 개점한 이래로.

   The store _____ with new stuff since they opened it.

4. 이 공원은 **청소되어져 오는 중이다** 폴에 의해서, 그것이 거기 지어진 이래로.

   This park _____ by Paul, since it was built there.

5. 나의 차는 **고쳐져 오는 중이다**, 어제 아침부터.

   My car _____, since yesterday morning.

2　과거완료진행 수동시제 – 과거 이전에 시작된 일이 과거에도 되고 있는 중이었어

치즈 공장에 견학을 갔다 온 David는 Cindy에게 자신이 느꼈던 것을 말해 주고 있다.

- **David** : I went to the ACE Cheese Factory last weekend.
  지난 주말에 ACE 치즈 공장에 갔었어.

- **Cindy** : What did you do there?
  거기서 뭘 했는데?

- **David** : I saw the process of making cheese.
  치즈 만드는 공정을 봤지.

  Thousands of pieces of cheese **had been being made** for 100 years in the factory.
  그 공장에서 많은 치즈가 100년 동안 만들어져 오는 중이었어.

- **Cindy** : Wow, that's wonderful.
  와, 정말 대단하다.

과거완료진행 수동시제

과거완료	**had** p.p.	
진행	be ~ing	
+ 수동	be p.p.	
	had been being p.p.	
	~되어져 오는 중이었다	

▸▸▸ '되어져 오는 중인 상태였다' 라고 해야 하지만 의미가 잘 통하도록 '되어져 오는 중이었다' 라고 한다.

과거완료진행 수동시제도 해석 방법을 이대로 똑같이 외워서 응용해야 한다. 이 방식이 아니면, 나중에 시제 전체가 흔들리게 된다. 과거완료진행 수동이므로 맨 앞에 있는 had에 유의하자.

Chapter 3

과거완료진행 수동시제 독해연습

1. The window **had been being cleaned** by David for 3 hours , when I came back.

2. The cartoon **had been being drawn** by Ted for 15 years, when I saw it.

3. The museum **had been being constructed** for 50 years, when I went there.

4. The cheese **had been being made** by them since 1900, when I went there.

5. My car **had been being fixed** since last morning, when I went there.

과거완료진행 수동시제 영작연습

1. 그 창문은 **닦여져 오는 중이었다** David에 의해서 3시간 동안, 내가 돌아왔을 때.

   The window _____ by David for 3 hours, when I came back.

2. 그 만화는 **그려져 오는 중이었다** Ted에 의해서 1980년 이래로, 내가 그것을 봤을 때.

   The cartoon _____ by Ted for 15 years, when I saw it.

3. 그 박물관은 **건축되어져 오는 중이었다** 50년 동안, 내가 거기 갔을 때.

   The museum _____ for 50 years, when I went there.

4. 그 치즈는 **만들어져 오는 중이었다** 그들에 의해서 / 1900년 이래로, 내가 거기 갔을 때.

   The cheese _____ by them since 1900, when I went there.

5. 나의 차는 **고쳐져 오는 중이었다** 지난 아침 이후로, 내가 거기 갔을 때는.

   My car _____ since last morning, when I went there.

3 미래완료진행 수동시제 – 되어져 오는 중일 거야.

Jack은 오래된 고급 의자를 Mike에게 선물로 주었다.

- **Jack** : This chair was made 30 years ago.
  이 의자는 30년 전에 만들어졌어.

- **Mike** : It looks very expensive.
  꽤 비싸 보이는데.

- **Jack** : Yeah, but I'm not sure how long it will be used.
  응, 그런데 얼마나 오래 사용될지 모르겠어.

- **Mike** : Maybe, 20 years from now, it **will have been being used** for 50 years.
  아마도 20년 뒤면, 그것은 50년 동안 **사용되어져 오는 중일 거야**.

미래완료진행 수동시제

미래완료	will	have	p.p.	
진행			be	~ing
+ 수동				be p.p.
	will	have	been	being p.p.

~되어져 오는 중일 것이다

미래완료진행 수동시제는 잘 쓰이지 않지만, 여기까지가 시제의 전부이다. 독자 여러분이 만약 어떤 어려운 문장을 접하더라도, 시제에 있어서는 더 이상 고민할 필요가 없다. 어떤 문장이라도 시제는 이 책에 수록된 시제를 벗어나지 않는다. 잘 쓰이지 않는 시제까지도 모두 숙지하고 있다면, 여러분은 영어의 핵심인 동사의 활용만큼은 원어민이 부럽지 않을 것이다.

지금까지 다룬 수동태 전체 시제를 한 눈에 정리해보자.

V6 동사변화표

made	make / makes	will make
만들었다	만든다	만들 것이다

made	making	to make
만든 / 만들어진	만드는 중인	만들

	과거	현재	미래
단순시제 **수동**	was made were made	am made is made are made	will be made
	만들어졌다	만들어진다	만들어질 것이다
진행 **수동시제** **be being p.p.**	was being made were being made	am being made is being made are being made	will be being made
	만들어지는 중이었다	만들어지는 중이다	만들어지는 중일 것이다
완료 **수동시제** **have been p.p.**	had been made	have been made has been made	will have been made
	만들어진 상태였다	만들어진 상태이다	만들어진 상태일 것이다
완료진행 **수동시제** **have been** **being p.p.**	had been being made	have been being made has been being made	will have been being made
	만들어져 오는 중 이었다	만들어져 오는 중 이다	만들어져 오는 중일 것이다

199

미래완료진행 수동시제 독해연습

1 The guitar **will have been being played** for 4 years next year.

2 The beautiful fountain **will have been being built**, when we come back.

3 This house **will have been being painted** for 3 days next Monday.

4 These books **will have been being read** by students for 20 years next year.

5 This tool **will have been being used** for 2 hours, when I go to the shop.

미래완료진행 수동시제 영작연습

1. 그 기타는 **연주되어져 오는 중일 것이다** 4년 동안 내년이면.

   The guitar _____ for 4 years next year.

2. 그 아름다운 분수는 **지어져 오는 중일 것이다**, 우리가 돌아올 때에도.

   The beautiful fountain _____ , when we come back.

3. 이 집은 **칠해져 오는 중일 것이다** 3일 동안 다음 월요일이면.

   This house _____ for 3 days next Monday.

4. 이 책들은 **읽혀져 오는 중일 것이다** 학생들에 의해서 20년 동안, 내년이면.

   These books _____ by students for 20 years next year.

5. 이 도구는 **사용되어져 오는 중일 것이다** 2시간 동안, 내가 그 가게에 갔을 때는.

   This tool _____ for 2hours, when I go to the shop.

능동태 필수 시제

음영 부분이 필수 시제이다.
필수 시제는 반드시 알아야 독해나 듣기에 어려움이 없다.

V6 동사변화표

worked	work / works	will work
일했다	일한다	일할 것이다

worked	working	to work
일한	일하는 중인	일할

	과 거	현 재	미 래
단순시제	work**ed**	**work** / **works**	**will** work
	일했다	일한다	일할 것이다
진행시제 be ~ing	**was** working **were** working	**am** working **is** working **are** working	**will be** working
	일하는 중이었다	일하는 중이다	일하는 중일 것이다
완료시제 have p.p.	**had** worked	**have** worked **has** worked	**will have** worked
	일하는 상태였다	일하는 상태이다	일한 상태일 것이다
완료진행시제 have been ~ing	**had** been working	**have** been working **has** been working	**will have** been working
	일해오는 중이었다	(과거부터 현재에도) 일해오는 중이다	일해오는 중일 것이다

수동태 필수 시제

수동태라고 소홀히 해서는 안 된다. 음영 처리된 필수 시제들은 회화, 읽기, 듣기 등 매일 접하는 매체에서 매우 자주 쓰이는 시제들이다.

V6 동사변화표

made	make / makes	will make
만들었다	만든다	만들 것이다

made	making	to make
만든 / 만들어진	만드는 중인	만들

	과거	현재	미래
단순시제 수동	was made were made	am made is made are made	will be made
	만들어졌다	만들어진다	만들어질 것이다
진행 수동시제 be being p.p.	was being made were being made	am being made is being made are being made	will be being made
	만들어지는 중이었다	만들어지는 중이다	만들어지는 중일 것이다
완료 수동시제 have been p.p.	had been made	have been made has been made	will have been made
	만들어진 상태였다	만들어진 상태이다	만들어진 상태일 것이다
완료진행 수동시제 have been being p.p.	had been being made	have been being made has been being made	will have been being made
	만들어져 오는 중이었다	만들어져 오는 중이다	만들어져 오는 중일 것이다

Chapter 4

문장을 길게 만드는 쉬운 방법들
동명사, to부정사, 관계대명사, that절, 간접의문문

Chapter 4

1 동명사

'한다'를 '하는 것'으로 만드는 방법

[좋아하다]의 명사형은 [좋아함 / 좋아하기 / 좋아하는 것]이다

- 나는 좋아한다 과일을. (단순히 과일이라는 명사를 썼다.)
- 나는 좋아한다 과일 먹는 것을. (먹는 행위를 좋아한나는 뜻)
- 나는 좋아한다 만화들을. (만화 자체를 좋아한다는 뜻)
- 나는 좋아한다 만화 그리는 것을. (만화 그리는 행위를 좋아한다는 뜻)

위의 문장을 영어로 표현하면,

- I like **fruit**.
- I like **eating fruit**.
- I like **cartoons**.
- I like **drawing cartoons**.

위에서처럼 '한다'를 '~하는 것'이라고 말하고 싶으면, 동사원형에 ~ing를 붙인다.

> ▶ 동사원형 + ing = ~하는 것

eat (먹다)	····▶	eating (먹는 것 / 먹기 / 먹음)
help (돕다)	····▶	helping (돕는 것 / 돕기 / 도움)
walk (걷다)	····▶	walking (걷는 것 / 걷기 / 걸음)
drive (운전하다)	····▶	driving (운전하는 것 / 운전하기 / 운전함)

이렇게 **동사를 명사처럼 만든 말을 동명사**라고 한다.

영어에서는 동사 eat를 명사형으로 만들려면 동사원형 eat에 ~ing만 붙이면 된다. 그런데, 우리말에서는 동사 '먹다'는 '먹는 것', '먹기', '먹음' 등 여러 가지 형태이다. 즉, eating은 '먹는 것, 먹기, 먹음' 등으로 해석될 수 있다는 것이다. 원활한 번역을 위해서는 세 가지 다 유용하기 때문에 모두 기억해두면 좋다.

동명사는 '~하는 것'이라는 뜻과 함께 단수 취급한다는 것만 알아두면 된다. 동명사는 거의 모든 면에서 명사처럼 쓰이지만, 뒤에 -s/-es를 붙이지 않으므로 문장 중에서는 단수로 취급한다.

• **Keeping dogs** is very good for children.
  애완견들을 기르는 것은 매우 좋다 아이들에게.

이 문장에서 dogs 때문에 are를 쓰고 싶어지지만 keeping(기르는 것)이 주어이므로 단수동사인 is를 써야 한다.

Chapter 4

2. To부정사

'한다'를 '하는 것'으로 만드는 또 다른 방법

동사원형에 to만 붙여도 [~함, ~하기, ~하는 것]으로 만들 수 있다.

동사를 명사처럼 쓰기 위한 또 다른 방법은 'to부정사'를 사용하는 것이다. 앞장에서 보았던 예문들의 '동명사'를 'to부정사'로 바꿔도 된다.

- 나는 좋아한다 과일을. (단순히 과일이라는 명사를 썼다.)
- 나는 좋아한다 과일 먹는 것을. (먹는 행위를 좋아한다는 뜻)
- 나는 좋아한다 만화들을. (만화 자체를 좋아한다는 뜻)
- 나는 좋아한다 만화 그리는 것을. (만화 그리는 행위를 좋아한다는 뜻)

영어로 써 보면,

- I like **fruit**.
- I like **to eat fruit**.
- I like **cartoons**.
- I like **to draw cartoons**.

'~하는 것' 이라고 말하고 싶을 때는 다음과 같이 만든다.

eat (먹다)	···▶	to eat (먹는 것 / 먹기 / 먹음)
help (돕다)	···▶	to help (돕는 것 / 돕기 / 도움)
walk (걷다)	···▶	to walk (걷는 것 / 걷기 / 걸음)
drive (운전하다)	···▶	to drive (운전하는 것 / 운전하기 / 운전함)

앞에서 배운 동명사의 예문과 완전히 똑같다. 동명사를 쓰든, to부정사를 쓰든, 문법적으로 전혀 문제가 없다.

그런데, 왜 굳이 두 가지 형태를 만들어서 쓸까?

어차피 뜻이 똑같다면 한 가지로 통일해서 쓰면 훨씬 쉽고 편할 텐데.
이유는 바로 다음 장에 있다.

동명사와 to부정사

'하던 것'과 '하려는 것'
동명사와 to부정사의 차이

동명사와 to부정사를 해석할 때는 그냥 '하는 것'이라고 해석하면 되지만, 개념적으로는 약간의 차이가 있다.

- **동사원형 + ing** : 동명사는 **지금 현재까지 하던 것과 지금 하고 있는 것**을 나타낸다.
  (현재분사와 모양이 똑같이 생긴 이유이기도 하다.)

- **to + 동사원형** : to부정사는 **지금 막 시작한 것**이나, **앞으로 할 것**을 나타낸다.

▶ 동명사 – 현재분사 – to부정사의 개념적 비교

⇨ 과거부터 지금까지		지금부터 미래 ⇨
동명사 [동사원형 + **ing**]	현재분사 [동사원형 + **ing**]	to 부정사 [**to** + 동사원형]
하던 것, 한 것	하는 중인 것	하려는 것, 할 것
해석 상은 모두 하는 것 으로 표현		
동사원형 + **ing** eating reading drinking		**to** + 동사원형 to eat to read to drink

보통은 모두 '~하는 것'으로 해석하면 되지만, 실제 의미는 이렇게 조금씩 다르기 때문에 동사에 따라서 동명사를 써야 할지, 부정사를 써야 할지를 구분해야 하고, 시험에서도 자주 다룬다.

예를 들면, "나는 원한다 마시는 것을."이란 문장에서 '원한다'라는 동사와 어울리는 명사형은 to부정사(to drink)일까, 동명사(drinking)일까?

〈마실 것 : to drink〉을 원하는가? 아니면
〈마시던 것 : drinking〉을 원하는가?

'이미 한 것을 원하는가', '앞으로 할 것을 원하는가'가 선택의 기준이 되는 것이다. 당연히 'to drink'를 써야겠다는 생각이 든다.
왜냐하면, 'want'라는 동사가 'to부정사'를 취하는 동사이기 때문이 아니고, '원하다'라는 뜻은 당연히 앞으로의 것을 원할 수밖에 없기 때문이다.

'하던 것'을 원할 수는 없는 것이 의미상 자연스럽다.
그러나 '하던 것'을 끝낼 수는 있다.

- I **finished doing** my homework.

  나는 **끝냈다** 숙제 **하던 것**을.

이렇게 쓰는 것은 가능하다. 하던 것을 끝낼 수는 있으니까.

이렇게 to부정사와 동명사 둘 중에 하나를 써야만 말이 되는 경우, 둘 중에 하나를 결정짓는 것은 '동사'이다. 동사에 따라서 부정사를 쓰기도 하고 동명사를 쓰기도 한다.
어떤 동사들은 둘 다 사용해도 되는 것도 있다.

- I like **to drink** milk.
- I like **drinking** milk.

두 문장은 거의 같은 의미로 쓰인다. 뜻은 "나는 좋아한다 우유 마시는 것을."이다. 동명사나 부정사 중 어느 것을 써도 문법적으로는 전혀 문제가 없지만, 앞으로의 마실 일을 말하기보다는 마시던 기억을 떠올리면서 말하기 때문에, 원어민들에게는 'drinking'을 쓰는 것이 더 자연스럽다.

또, 부정사와 동명사는 원래 가진 뜻 때문에 의미가 달라지는 경우가 있다.

① 나는 **기억했다** 문 잠근 것을. (이전에 잠근 것을 기억한다는 뜻)
② 나는 **기억했다** 문 잠글 것을. (앞으로 잠가야 된다는 것을 기억했다는 뜻)

이제는 영어로 해도 쉽게 구분할 수 있을 것이다.

① I remembered **locking** the door.
② I remembered **to lock** the door.

다른 동사의 예를 더 보자.

① 나는 **멈추었다** 표지판을 보려고.
② 나는 **멈추었다** 노래 부르던 것을.

① I stopped **to look** at the sign.
② I stopped **singing** the song.

이렇게 동사에 따라서는 부정사를 쓸 경우와 동명사를 썼을 때 의미가 약간 달라지는 경우가 있는데, 위와 같은 원리로 이해하면 쉽게 기억할 수 있다.

알아보기 좋게 정리해 보자.

동명사만 쓰는 동사		둘 다 써도 뜻의 차이가 크지 않은 동사	부정사만 쓰는 동사	
~하던 것을 ~한다 ~하는 것을 ~한다		~하는 것을 ~한다	~할 것을 ~한다	
quit finish give up enjoy mind consider	~하던 것을 끝낸다 ~하던 것을 끝낸다 ~하던 것을 포기한다 ~하던 것을 즐긴다 ~하던 것을 꺼린다 ~하던 것을 고려한다	begin start 시작한다는 말은 바로 현재의 ~하는 것이므로 둘 다 쓸 수 있다. like love 좋아한다. 사랑한다는 말도 말하는 당시에 감정을 느끼고 있는 것이므로 둘 다 써도 된다.	want decide hope plan wish ask promise expect	~할 것을 원한다 ~할 것을 결정한다 ~할 것을 희망한다 ~할 것을 계획한다 ~할 것을 바란다 ~할 것을 요청한다 ~할 것을 약속한다 ~할 것을 기대한다
suggest can't help postpone practice dislike deny avoid			intend agree refuse manage tend afford	

부정사는 '~하려는 것'이라는 미래를 나타내고자 한다면 정확히 맞다. 동명사만 쓰는 동사들은 '하던 것'이라고 해석하면 어색한 것들이 있다. enjoy(즐긴다)란 동사는 '~하던 것을 즐긴다보다는 ~하는 것을 즐긴다'라고 해석해야 자연스러운데, 하고 있는 중이어야 즐길 수 있는 것이지 하려는 것만으로는 즐길 수가 없기 때문에 동명사를 쓰는 동사이다. 뜻이 쓰여있지 않은 동사들은 찾아서 정리해 보자.

'기대·긍정·소망을 나타내는 동사는 부정사를 쓴다'라고 설명하기도 하는데, 이는 적절한 설명이 아니다. 이렇게 외워놓으면 응용이 매우 어렵고 회화에서는 거의 쓸모가 없다.

위에서 분류한 것이 복잡하다면 다음처럼 간단하게 정리해도 된다.

'~하려는 것'이라는 미래의 뜻은 부정사만 가진다. 그러므로 앞으로의 일을 말하는 경우는 부정사를 쓰면 되고, '~하려는 것, ~할 것'으로 해석하면 된다. 그 외에는 동명사를 쓰면 된다.

다음 예문에서 알맞은 것을 골라보자.

- 나는 **멈추었다** [먹던 것을 / 먹으려는 것을]
- 나는 **끝냈다** [숙제하던 것을 / 숙제하려는 것을]
- 나는 **결정했다** 그 차를 [사던 것을 / 살 것을]
- 나는 **원한다** 오렌지주스 [마시던 것을 / 마실 것을]

영어로 다시 해 보자.

- I **stopped** [eating / to eat].
- I **finished** [doing my homework / to do my homework].
- I **decided** [buying / to buy] the car.
- I **want** [drinking / to drink] some orange juice.

먹던 것을 멈추고, **숙제하던 것**을 끝낸다. **살 것**을 결정하고, **마실 것**을 원한다.
뜻을 알고 있다면 당연하게 느껴질 것이다. 끝낸다는 뜻을 가진 말들은 동명사(하던 것)를 써야 말이 되고, 앞으로의 일에 대한 말을 하는 동사는 to부정사(할 것)를 써야 말이 된다.

'begin, start, continue, like, love'처럼 바로 현재의 상황에 관한 동사들은 약간의 느낌 차이는 있지만, 둘 다 써도 문법적으로는 문제가 없다.

Nice to meet you와 Nice meeting you의 차이

회화에서 헷갈리지 말자

- Nice **to meet** you.
- Nice **meeting** you.

두 문장의 차이는 무엇일까?
앞 장에서 배운 대로 생각하면 쉽다.

'Nice to meet you.'는 당신을 만나게 되어서 반갑다는 말이고,
'Nice meeting you.'는 당신을 만난 것이 반가웠다는 말이다.

흔히 위처럼 줄여서 쓰지만, 줄이지 않은 말은 아래와 같다.

- It **is** nice **to meet** you.
- It **was** nice **meeting** you.

meet의 뜻은 '만나다'인데, 개념이 우리와 조금 다르다. 우리처럼 얼굴을 서로 본 순간을 만났다고 생각하는 것이 아니고, 'meet'는 만나서 얼굴도 보고 얘기도 하고 뭔가를 함께 하는 것을 뜻한다. 새로운 사람의 얼굴을 보고 인사만 하는 것으로 'meet'의 행위가 끝난 게 아니다.

그래서 처음 소개받을 때는 만날 것(to meet)이라는 의미로 "Nice to meet you."라고 말한다.

만약, 한 시간 정도 만남의 시간을 끝내고 헤어지게 되었을 때는, 지금까지 한 시간 동안 만났던 것(meeting)이 즐거웠고 반가웠다는 뜻으로 "Nice meeting you."라고 말한다.

- I'm happy **to talk** to you.
- I was happy **talking** to you.

이제 두 문장의 차이가 무엇인지 감이 올 것이다.

- 나는 당신과 이야기하게 되어서 기쁩니다.   (만났을 때)
- 나는 당신과 이야기를 나누던 것이 기뻤습니다.   (헤어질 때)

Chapter 4

5 to부정사는 언제나 미래를 말한다

to부정사는 미래지향적이다

1 to부정사 쉽게 해석하기

to부정사라고 하면 먼저 떠오르는 것이 '용법'이다. 영어를 배우기 시작하면서부터 여러분은 to부정사 용법에 대해서는 많이 들었을 것이다.

'무슨 용법이냐'를 묻는 문제가 시험에도 빠지지 않고 나온다. 사실, 무슨 용법인지를 아는 것은 그다지 중요하지 않다. 우리가 알아야 하는 것은 무슨 뜻이며 어떻게 해석해야 하는가, 말할 때 어떻게 사용할 것인가이다.

to부정사는 흔히 세 가지 용법으로 나눈다.

- 명사적 용법 : ~하는 것
- 형용사적 용법 : ~할
- 부사적 용법 : ~하려고, ~해서, ~하기에, ~하다니

to부정사를 어떻게 해석해야 하는지는 꼭 알고 있어야 하지만, 각 용법으로 일일이 구분하는 것은 좋은 방법이 아니다. 원어민들도 일일이 구분하지는 못한다. 굳이 할 필요도 없기 때문에...

to부정사는 언제나 미래를 말하려고 한다는 것만 이해하고 있으면 된다.
to부정사를 용법으로 분류한 다음 예문들을 보자.

명사적 용법	⋯▸	나는 결정했다 그녀의 집을 **방문할 것**을.
형용사적 용법	⋯▸	나는 샀다 책을 **읽어야 할**.
부사적 용법	⋯▸	나는 샀다 책을 **읽으려고**.
부사적 용법	⋯▸	나는 다닌다 학교에 **공부하려고**.
부사적 용법	⋯▸	나는 행복하다 너를 **만나게 되어서**.
명사적 용법	⋯▸	나는 행복해한다 너를 **만나게 된 것**을.
부사적 용법	⋯▸	이것은 너무 크다 그 가방에 **넣기에는**.

위 예문을 영어로 하면,

명사적 용법	⋯▸	I decided **to visit** her house.
형용사적 용법	⋯▸	I bought a book **to read.**
부사적 용법	⋯▸	I bought a book **to read.**
부사적 용법	⋯▸	I go to school **to study**.
부사적 용법	⋯▸	I'm happy **to meet** you.
명사적 용법	⋯▸	I'm happy **to meet** you.
부사적 용법	⋯▸	It is too big **to put** in the bag.

위의 예문에서 우리말 문장은 다른데, 영어로는 똑같은 문장이 있다는 것을 발견했을 것이다. 우리말 문장에서 '나는 샀다 읽어야 할 책을'은 형용사적 용법으로, '나는 샀다 책을 읽으려고'는 부사적 용법으로 구분해 놓았지만, 영어로는 구분 없이 "I bought a book to read."이다.

이유가 뭘까? 당연히 구분할 필요가 없기 때문이다. '읽으려고 책을 샀는지', '읽을 책을 샀는지'가 서로 같은 의미라고 보는 것이다. 그래서 원어민들도 두 경우 모두 to부정사를 쓸 뿐, 같은 문장을 상황에 따라서 '형용사적 용법으로 쓰였다', '부사적 용법으로 쓰였다'고 구분하지는 않는다.

다음 표에서는 뜻만 알아두자. 용법이라고 써놓긴 했지만, 그 용법은 중요하지 않다. 뜻이 중요하다.

〈이 표에서 to부정사의 뜻은 꼭 암기해 둘 것〉

	to 부정사 [to + 동사원형]
명사처럼 쓰일 때	~할 것, ~하려는 것, ~하는 것, ~하기
형용사처럼 쓰일 때	~할
부사처럼 쓰일 때	~하려고 (~하기 위해서) ~하게 되어서 (~해서) ~하기에 ~하다니

우리말 표현은 이렇게 많은데 영어로는 〈to + 동사원형〉이면 된다니, 영어가 훨씬 더 간단하지 않은가?

문법은 규칙적이지만, 예외는 항상 있다. 가끔은 to부정사가 과거처럼 쓰이는 경우도 있는데, 그런 경우도 대부분 현재를 포함하기 때문에 그렇게 쓰는 것이다. to부정사는 언제나 미래를 나타낸다고 생각하면 된다.

▶ to 부정사가 과거처럼 쓰이는 예

• **He seems to be ill.**
  그는 **아픈 것처럼** 보인다.

• **He seemed to be ill.**
  그는 **아팠던 것처럼** 보였다.

※ 두 경우 모두 현재 그런 것처럼 보인다는 말인데 과거도 포함된 표현이다.
그러나 이런 예는 특별한 예이므로 이런 표현도 있구나 하는 정도로 알아두자. 집중해야 할 부분은 to부정사는 앞으로의 일을 나타낸다는 점이다.

to부정사도 동사의 변화 중에 하나이므로 당연히 수동형이 있다.

• **I don't want the stadium to be built.**
  나는 원하지 않는다 그 경기장이 **지어지는 것을.**

• **I want the house to be painted.**
  나는 원한다 그 집이 **칠해지는 것을.**

동사의 형태에는 당연히 수동태도 있고, **수동형 to부정사**도 종종 쓰이므로 함께 알아두는 것이 좋다.

〈이 표에서 **수동형 to부정사**의 형태와 해석을 반드시 암기할 것〉

수동형 to 부정사 : [to be p.p.]	
명사처럼 쓰일 때	~될 것, ~되려는 것, ~되려는 것, ~되기
형용사처럼 쓰일 때	~될
부사처럼 쓰일 때	~되려고 (~되기 위해서) ~되기에 ~되다니

부정사의 수동태 해석 방법도 꼭 연습해 보아야 실제 회화에서 사용할 수 있다.

2　in order to를 써서 의미를 명확하게 하기

- I bought a book **to read.**
  나는 샀다 **읽을** 책을.

- I bought a book **to read.**
  나는 샀다 책을 **읽으려고**.

　위 문장은 영어로는 똑같고, 해석은 달리 되어 있다. 두 해석 모두 의미로는 별 차이가 없다. 두 번째 문장은 '~하려고'라는 의도를 좀 더 강조해서 해석했을 뿐이다. 이처럼 to부정사만으로도 '~하려고'라는 의미를 표현할 수 있지만, '~하려고'라는 의도를 분명히 하고 싶을 때는 'in order to'를 쓴다.

- I bought a book **in order to read.**
  나는 샀다 책을 / **읽으려고**.

굳이 in order to를 쓰지 않고 to부정사만 써도 문제는 없다.
그러나 꼭 **뭔가를 하려고 한다는 의미**를 강조하고 싶다면, in order to를 쓰면 된다.

문장 앞에서 의미를 분명히 하기 위해 쓰기도 한다.

- **In order to save** money, he didn't buy the car.
  돈을 **아끼려고**, 그는 그 차를 사지 않았다.

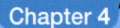

지각(감각)동사 다음에는 동사원형을 쓴다

to는 없지만 부정사로 쓰이는 원형부정사

보고, 듣고, 맛보고, 느끼는 것을 표현하는 동사를 '지각동사 또는 감각동사'라고 한다.
그런데 왜 지각동사 다음에는 동사원형을 쓰는 것일까?

이유는 간단하다.
앞으로의 일도 아니고, 과거에 하던 일도 아니기 때문이다.

- **I saw the girl sing in the classroom.**
  나는 봤다 그 소녀를 / 그 교실에서 **노래하**는.
  = 나는 봤다 그 교실에서 **노래하**는 그 소녀를.

위 예문에서는 '소녀가 교실에서 노래한다'는 사실을 단순히 표현하고 싶은 것이다. 앞으로 노래할 것도 아니고(to sing), 노래하는 중인 것도 중요한 게 아니다(singing). '노래한다는 사실'을 중요하게 표현하기 위해서 동사원형인 'sing'을 쓴 것이다.

그러면, 그 소녀가 '노래하는 것'을 본 것이니까 'singing'도 맞는 것 아닌가 하는 생각이 든다면, 여러분은 지금까지 영어 공부를 매우 잘 해온 것이다.

- **I saw the girl singing in the classroom.**
  나는 봤다 그 소녀를 / 그 교실에서 **노래하**는.
  = 나는 봤다 그 소녀를 / 그 교실에서 **노래하는 중인**.
  = 나는 봤다 그 교실에서 **노래하**는 그 소녀를.

위 예문도 올바른 표현이다. 다만, 약간의 어감상 차이가 있다.

'I saw the girl sing in the classroom.'은
'노래한다는 사실'에 비중을 둔 표현이고,

'I saw the girl singing in the classroom.'은
'노래하고 있는 그때 당시의 행위'에 비중을 둔 표현이다.

둘 다 별다른 구분 없이 쓰기도 하고, 두 문장 모두 문법적으로도 문제가 없으니 편하게 사용하자.

TIP!

✵ **회화에서 많이 쓰는 지각동사들**

이 동사들 뒤에는 동사원형(원형부정사)을 쓴다.

see 보이다, 보다	hear 듣다
look at 보다	listen to 듣다
watch 보다	feel 느끼다
sound 들리다	

223

Chapter 4

to부정사 독해연습

1. **To go out** alone at night is dangerous.

2. It is dangerous **to go out** alone at night. (to부정사구가 길어지면 가주어 it을 사용한다.)

3. I took a taxi **to get** there in time.

4. It is hard for her **to read** the book.

5. She asked me **not to make** a noise. (to부정사의 부정은 앞에 not을 붙인다.)

6. We decided **to clean** the car.

7. I was too angry **to think** of it as fun.

8. She wants a friend **to talk** with.

9. I'm surprised **to hear** the news.

10. The coat isn't warm enough **to wear** in the winter.

to부정사 영작연습

*끊어 읽기에 유의하면서 빈칸을 채워보자.

1. 혼자서 밤에 **밖에 나가는 것**은 위험하다.

   _____ alone at night is dangerous.

2. 그것은 위험하다 혼자서 밤에 **밖에 나가는 것**은.

   It is dangerous _____ alone at night.

3. 나는 잡아탔다 택시를 / **도착하기 위해서** / 거기에 / 제시간에.

   I took a taxi _____ there in time.

4. 그것은 어렵다 그녀에게는 / 그 책을 **읽는 것**이.

   It is hard for her _____ the book.

5. 그녀는 요구했다 나에게 / 소음을 **만들지 말 것**을

   She asked me _____ a noise.

6. 우리는 결정했다 / 그 차를 **청소할 것**을.

   We decided _____ the car.

7. 나는 너무 화가 났다 / 그것을 장난으로 **생각하기에는**.

   I was too angry _____ of it as fun.

8. 그녀는 원한다 한 친구를 / 함께 **이야기할**.

   She wants a friend _____ with.

9. 나는 놀랐다 / 그 소식을 **듣게 되어서**.

   I'm surprised _____ the news.

10. 그 코트는 따뜻하지 않다 충분히 / 겨울에 **입기에**.

    The coat isn't warm enough _____ in the winter.

225

7 꾸며주는 말은 뒤에 붙인다

영어는 꾸며주는 말을 뒤에 붙이는 것이 더 자연스럽다

우리말은 꾸며주는 말을 앞에 붙여서 말을 길게 만드는데, 영어는 뒤에 붙여서 길게 만든다.

> ❋ **문장을 길게 만들 때 꾸며주는 말 뒤에 붙인다.**
> 두 개의 문장이 한 문장으로 이어질 때, 뒤에 이어지는 문장 역시 어순은 〈주어+동사〉이다.

이 규칙만 알고 있다면 쉽게 긴 문장을 만들 수 있다.

기본 어순 <S+V+O>는 변하지 않는다. 다만, 두 개 이상의 문장을 어떻게 연결하느냐만 달라지는 것이다.

문장을 연결하는 여러 가지 방법들을 알아보자.

1 접속사 – 문장과 문장을 연결하는 가장 쉬운 방법

- I love her, **and** she loves me.

  나는 사랑한다 그녀를 <u>그리고</u> 그녀는 사랑한다 나를.

- I like flowers **and** animals.

  나는 좋아한다 꽃들을 <u>그리고</u> 동물들을.

- I love her, **but** she doesn't love me.

  나는 사랑한다 그녀를, <u>그러나</u> 그녀는 사랑하지 않는다 나를.

- I like flowers, **but** animals.

  나는 좋아한다 꽃들을, <u>그러나</u> 동물들은 (좋아하지 않는다).

  * 접속사 but (그러나) 다음에 don't like (좋아하지 않는다)가 생략되었다.

    but이 앞의 말에 대한 반대의 뜻을 가지고 있으므로 동사의 생략이 가능하다.

- I love her **or** she loves me.

  나는 사랑한다 그녀를/ <u>아니면</u> /그녀가 사랑한다 나를.

  * '내가 그녀를 사랑하거나 또는 그녀가 나를 사랑한다.'라는 뜻을 가진 문장인데, 'or' 라는 말 자체에 '이것이 아니면 저것'이라는 뜻이 있다. 그래서 'or'가 명령문에서 [그렇지 않으면] 이라고 쓰이는 것이다. or를 '또는'이라고 알아둬도 되지만 '그게 아니면'이라고 알아두는 편이 더 좋다.

▶ 명령문에서의 or

- Work hard, **or** you will lose your job.

  일해라 열심히, <u>그렇지 않으면</u> 너는 잃을 것이다 너의 직업을.

그 외의 접속사들도 그 뜻만 알면 쉽게 쓸 수 있다.

▶ 그 외 꼭 알아두어야 할 접속사들

- I have no money, **so** I can't buy the bike.
  나는 돈이 없다. 그래서 나는 살 수 없다 그 자전거를.

- I believe **that** she has a car.
  나는 믿는다 그것을 그녀가 차를 가지고 있다는 (그것을)

- I wonder **if** he will go to the factory.
  나는 궁금해한다 그가 그 공장에 갈지 안 갈지를.

- I wonder **whether** he will go to the factory.
  나는 궁금해한다 그가 그 공장에 갈지 안 갈지를.
  * whether : ~인지 아닌지
    if : ~인지 아닌지, ~라면

- You should wash your hands **before** you eat dinner.
  너는 씻어야 한다 너의 손들을 네가 저녁을 먹기 전에

- **While** you are sleeping, the earth is going around.
  네가 자는 중인 동안에도, 지구는 도는 중이다.

- You can go home, **after** you clean your desk.
  너는 갈 수 있다 집에. 네가 너의 책상을 청소한 후에

- **As** you read more books, you can see more things.
  네가 더 많은 책을 읽을수록, 너는 볼 수 있을 것이다 더 많은 것들을.

- **As** you say so, I can believe it.
  네가 그렇게 말하기 때문에. 난 믿을 수 있다 그것을.

- **Since** she was so busy, she couldn't go out with you.
  그녀가 매우 바빴기 때문에. 그녀는 나갈 수 없었다 너와.

- **When** she arrives here, I'll start to read the book.
  그녀가 여기 도착하는 **때에**. 나는 시작할 것이다 그 책 읽기를.

- **If** it rains tomorrow, I won't go to the park.
  만약 비가 오는**데도 불구하고** **내일**. 나는 가지 않을 것이다 그 공원에.

- **Although** it rains today, I have to visit her.
  비가 오는**데도 불구하고** **오늘**. 나는 방문해야 한다 그녀를.

- I love her **though**, I can't meet her.
  내가 그녀를 **사랑하지만**. 나는 만날 수 없다 그녀를.

  * (내가 그녀를 사랑하는데도) 이렇게 해석하면 '~도'의 느낌이 같아서 쉽다. 사전에는 구분되어 있지 않는 경우가 많지만, 원어민들은 though를 문장의 뒤에 붙여서 사용한다. though를 앞에 붙여도 된 하지만, 원어민들은 회화에서 주로 뒤에 붙여 사용한다.

2 형용사 – 명사 앞에 꾸며주는 말을 넣는 방법

- **The most beautiful** girl sends me **the sweetest** messages.
  그 **가장 아름다운** 소녀는 보내준다 나에게 **가장 달콤한** 메세지를.

소녀 앞에 '**가장 아름다운**'이라는 말을 넣었고, 메시지 앞에 '**가장 달콤한**'이란 말을 넣어서 문장을 길게 표현했다.

우리말에서와 같이 명사 앞에서 꾸며주는 형태이다.

229

3 형용사구 – 명사 뒤에 꾸며주는 말을 넣는 방법

• I saw a woman.
나는 봤다 한 여자를.

• She was sitting on the bench.
그녀는 앉아 있었다 그 벤치 위에.

이 두 문장을 한 문장으로 바꾸면,

⋯▶ I saw a woman **sitting on the bench.**
나는 봤다 한 **여자를 그 벤치 위에 앉아 있는.**

여기서 'sitting on the bench'는 'woman'을 꾸며주는 형용사구이다.
'sitting: 앉아 있는'은 현재분사이고, 분사는 형용사 역할을 하므로 명사인 '여자'를 꾸밀 수 있다.

이처럼 꾸며주는 말을 뒤에 붙이는 것이 우리말과 영어의 가장 큰 차이점이다. 영어는 꾸며주는 말을 뒤에 붙인다는 것을 반드시 이해한 후에야 관계대명사를 이해할 수 있다.

Chapter 4

주격 관계대명사

서울에 사는 그 남자
관계대명사는 바로 앞에 있는 명사를 자세히 설명하겠다는 뜻이다

관계대명사는 한 마디로, **꾸며주는 말이 길 때 쓰는 말**이다.
우리말은 아래와 같이 꾸며주는 말이 무조건 앞에 온다.

- **서울에 사는 그 남자**는 멋지다.
  '서울에 산다'가 '그 남자'를 앞에서 꾸며준다.

영어는 앞에서 꾸며줄 때가 있고, 뒤에서 꾸며줄 때가 있다고 앞 장에서 설명했다.
보통, 짧은 말은 앞에서 간단히 꾸며주고, 꾸며주는 말이 길어질 때는 뒤에서 꾸며준다.
그리고 '**지금부터는 꾸며주는 말이다**'라는 것을 확실히 하기 위해서 **관계대명사**를 쓴다.

다음 예문에서 '**그 남자**'가 주어로 쓰였다.

- **The man** is handsome.
  그 **남자**는 멋지다.

- **The man** lives in Seoul.
  그 **남자**는 서울에 산다.

이 문장에서의 주어인 The man 대신에 who를 써서 '서울에 사는 그 남자는 멋지다.'란 한 문장으로 만들어 보자.

231

- The man 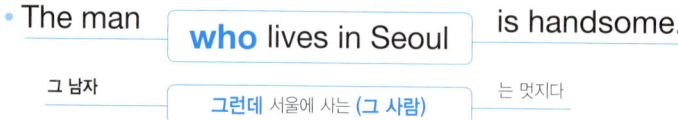 is handsome.

  그 남자　　그런데 서울에 사는 **(그 사람)**　는 멋지다

who 대신에 that을 써도 된다.

- The man **that lives in Seoul** is handsome.
  그 남자 **서울에 사는 (그 남자)**는 멋지다.

'The man' 다음에 〈who lives in Seoul : 그런데 그는 서울에 산다〉라는 말을 넣어서 '서울에 사는 그 남자'라는 표현을 했다.

앞에서 꾸밈을 받는 말을 '선행사 (앞에 오는 말)'라고 한다.
선행사의 뒤에 위치해서 지금부터 선행사를 꾸며주겠다고 시작을 알리는 말을 '관계대명사'라고 한다.

'관계'라는 말은 앞뒤 말을 이어준다는 뜻이고, '대명사'라는 말은 앞에 나온 말을 대신해 준다는 뜻이다.
즉, '관계대명사'는 '앞에 나온 말을 다른 말로 한 번 더 써주고 뒤에 상세 설명을 덧붙이기 위한 말'이다.

꾸며주고 싶은 말이 '사람'이면 who(그런데 그 사람)를 쓰고,
꾸며주고 싶은 말이 '사물'이면 which(그런데 그 것)를 쓴다.
구분 없이 쓰고 싶다면 관계대명사 that을 쓰면 된다.

- I bought the pen.

  나는 샀다 그 펜을. (어떤 펜인지 자세한 설명이 없이 그냥 그 어떤 펜)

- I bought the pen **Which** was good quality.

  나는 샀다 그 펜을 <u>그런데</u> 그것은 좋은 품질인 (펜).

  = 나는 샀다 **좋은 품질인** 그 펜을.

which 대신에 that을 써도 된다.

- I bought **the pen that was good quality.**

'그런데 그 사람은 어떠하다'라고 표현할 때 쓰는 관계대명사를 '주격관계대명사'라고 부른다. '그 사람은'이 주어처럼 쓰이기 때문이다.

- She met **the man who** liked watching TV.

  그녀는 만났다 그 남자를 <u>그런데 그 사람은</u> 좋아했다 TV 보는 것을

- The people **who** study hard are diligent.

  그 사람들 – **열심히 공부하는** (그 사람들)– 은 부지런하다.

  * who 뒤에 있는 'study'는 선행사 'people'에 맞춰서 써야 하므로 'studies'로 쓰지 않았다.

  관계대명사의 동사는 선행사에 일치시킨다.

- The table **which has a nice color** is very expensive.

  그 탁자 – **좋은 색을 가진**(그 탁자) – 는 매우 비싸다.

영어를 영어 어순 그대로 해석해 놓은 우리말은 아무래도 부자연스럽다. 그렇지만, 위의 영어 예문을 잘 끊어 읽어서 그 느낌을 살려 익혀두자. 영어의 어순에 익숙해지면 들리는 대로 바로 뜻이 이해가 된다. 언어는 말에서 비롯되기 때문에 반드시 느낌을 넣은 말로 표현을 해보아야 한다. 쭉 이어서 읽지 말고 끊어 읽어보자.

- The **table which** has a nice color is expensive.

이 문장은 아래처럼 끊어 읽어야 한다.

- The **table / which** has a nice color / is expensive.

아래 세 개의 예문을 쉼표에서 충분히 끊어서 읽어보자. 느낌이 올 때까지 충분히 읽어 봐야 한다.

① **친한 친구 동생**
② 친한, **친구 동생**
③ 친한 친구, **동생**

①번은 우리가 그냥 문장을 글로 썼을 때의 모양이다. 그러나 읽는 사람에 따라서는 ②번이나 ③번처럼 끊어 읽을 수 있다. 사실, ①번으로는 전체 문장을 보기 전에는 그 의미를 파악할 수 없다.

②번은 친구의 동생과 친하다는 뜻이다.

③번은 친한 친구의 동생을 뜻한다. 그 동생과는 별로 안 친할 수도 있다.
이렇게 끊어 읽는 것에 따라 의미가 다른 것처럼, 관계대명사도 끊어 읽어서 그 개념을 이해해야 한다. 소리를 내어 읽어야 이해가 쉽다.

다시 한 번 읽어 보자. (영어 문장을 몇 번이고 꼭 읽어봐야 한다.)

- 그 탁자 / **좋은 색을 가진 (그 탁자)** / 는 비싸다.

The **table** / **which** has a nice color / is expensive.

POINT!

주격 관계대명사의 해석

- I love the dog **which** likes sausages.

  나는 좋아한다 **그 개를** / **그것은** 소시지를 좋아하는데.
  나는 좋아한다 **그 개를** / 소시지를 좋아하는 (그 개를).

밑줄 친 문장에서 which가 주어처럼 쓰여서 뒤에는 동사 likes가 왔다.
영어는 언제나 〈주어 + 동사 + 목적어〉의 형태라고 이미 알고 있듯이, which가 〈주어〉이므로 뒤에는 〈동사 + 목적어〉인 <likes + sausage>가 온 것이다.

주격 관계대명사 독해연습

※ 글자로 읽지 말고, 말로 하듯이 끊어서 읽어보세요.

1. This is **the car that** has rainbow colors.

2. He is **the boy who** comes from Canada.

3. Look at **the girl who** is playing the violin on the stage.

4. I'll visit **Kate who** lives in New York.

5. **The teacher who** is talking to John is from America.

6. **The book that** has a thick cover is very interesting.

7. I have **a friend who** can skate very well.

8. This is **the bag that** has a big pocket.

9. Do you know **the man who** wrote this story?

10. Where are **the pears that** were in this basket?

주격 관계대명사 영작연습

※ 글자로 읽지 말고, 말로 하듯이 끊어서 해석을 읽어보세요.
관계대명사가 주어 역할을 하기 때문에 바로 뒤에 동사가 온다는 것을 꼭 기억하세요.

1. 이것은 **그 자동차**이다 / (그런데 그것은) 무지개색을 가진 (자동차이다).

   This is the car _____ has rainbow colors.

2. 그는 그 소년이다 / (그런데 그 사람 은) 캐나다에서 온 (소년이다)

   He is the boy _____ comes from Canada.

3. 봐라 **저 소녀를** / 바이올린을 무대에서 연주하는 중인 (소녀를)

   Look at the girl _____ is playing the violin on the stage.

4. 나는 방문할 것이다 **케이트를** / 뉴욕에 살고 있는 (케이트를)

   I'll visit Kate _____ lives in New York.

5. 그 선생님 / John과 말하는 중인 (그 선생님은) / 미국 출신이다.

   The teacher who _____ is from America.

6. 그 책 / 두꺼운 표지를 가진 (그 책은) / 매우 재미있다.

   The book that _____ is very interesting.

7. 나는 가지고 있다 한 친구를 / 스케이트를 매우 잘 타는 (친구를)

   I have a friend who _____ .

8. 이것이 **그 가방** / 큰 주머니를 가지고 있는 (가방)이다.

   This is the bag that _____ .

9. 너는 아니? **그 남자** / 이 이야기를 쓴 (그 남자) 를 (그가 이야기를 썼다)

   Do you know the man who _____ ?

10. 어디에 있니? **그 배들은** / 이 바구니에 있던 (그 배들은)

    Where are the pears that _____ ?

237

Chapter 4

9 목적격 관계대명사

그가 어제 사준 그 모자를 잃어버리다

목적격 관계대명사 뒤에는 반드시 〈주어 + 동사〉가 온다

'나는 그가 사준 그 모자를 잃어버렸다.'

이 우리말을 영어식으로 표현하면 어떻게 될까?

나는 잃어버려 **그 모자를** 그가 사준 **(그것을)**

- I lost **the hat that** he bought.

원래 두 문장일 때는

- I lost **the hat**.   +   He bought **it**.
  나는 잃어버렸다 **그 모자를**.   +   그가 사주었다 **그것을**.

위 두 문장을 합쳐서 아래와 같이 표현한다.

- I lost **the hat that** he bought.

맨 끝에 있던 it이 that 안에 포함되고 바로 앞에 있는 hat을 꾸며주는 역할을 하게 된다. 즉, 뒤 문장의 목적어인 'it 그것을'이 hat 바로 뒤에 오게 되어서 맨 뒤에 있던 it이 없어진 것처럼 보인다.

목적어 it 을 대신해서 that이 쓰였으므로 '목적격 관계대명사'라고 부른다.
명칭보다는 어떻게 해석하는지, 어떻게 사용하는지를 알아두어야 한다.

POINT!

목적격 관계대명사의 해석

- I lost the **hat that** he bought.

  나는 잃어버렸다 그 모자를 그것을 그가 사주었는데.
  나는 잃어버렸다 그 모자를 그가 사준 (그 모자를).

  위 예문에서 that이 목적어 대신 쓰였다.
  That 뒤에는 바로 〈주어 + 동사〉 즉, <he bought>가 왔다.
  영어는 언제나 〈주어 + 동사 + 목적어〉의 형태가 기본인데, 위 문장에서는 목적어 that이 맨 앞으로 나갔으므로 〈주어 + 동사〉인 <he bought>만 남았다.

※ who, whom은 모두 '그 사람'이라고 해석하는 것이 좋으나, 이해를 돕기 위해서 앞에 나왔던 명사를 다시 사용했음. that도 '그것'이라고 하는 것이 좋으나 역시 앞에 나왔던 명사를 다시 사용했음.

목적격 관계대명사 독해연습

*목적격관계대명사 뒤에는 주어가 있어야 한다.

1. I have **a girlfriend whom** I like.

2. We had **everything that** we needed.

3. This is **the man that** I told you about yesterday.

4. I liked **the girl whom** he met at the party.

5. This is **the book that** I read yesterday.

6. They had **a daughter whom** they loved very much.

7. **My aunt that** I live with is very kind to me.

8. That is **the girl whom** I went to the concert with.

9. **The man whom** I wanted to see was away.

10. This is **the house that** I bought last year.

목적격 관계대명사 영작연습

※ 목적격관계대명사 뒤에는 주어가 있어야 한다.

1 나는 가지고 있다 여자친구를 / 내가 좋아하는 (여자친구를).

   I have a girlfriend whom _____ .

2 우리는 가지고 있었다 모든 것을 / 우리가 필요로 했던 (모든 것들을).

   We had everything that _____ .

3 이 사람은 그 남자(이다) / 내가 너에게 어제 말했던 (그 남자) 이다.

   This is the man that _____ .

4 나는 좋아했다 그 소녀를 / 그가 그 파티에서 만났던 (그 소녀를).

   I liked the girl whom _____ .

5 이것은 그 책이다 / 내가 어제 읽었던 (그 책).

   This is the book _____ I read yesterday.

6 그들은 가지고 있었다 딸을 / 그들이 매우 사랑했던 (그 딸을).

   They had a daughter whom _____ .

7 나의 숙모 / 내가 함께 사는 (숙모) / 는 매우 친절하다 나에게.

   My aunt that _____ is very kind to me.

8 저 사람은 그 소녀 (이다) / 내가 콘서트에 함께 갔던 (그 소녀).

   That is the girl whom _____ .

9 그 남자 / 내가 보기를 원했던 (그 남자) / 는 멀리 있었다.

   The man whom _____ was away.

10 이것은 그 집(이다) / 내가 작년에 샀던.

   This is the house _____ .

241

Chapter 4

10 소유격 관계대명사

그것의 가격이 매우 비싼 그 모자는 그의 선물이었다.

- **The hat** was his present.
  그 모자는 그의 선물이었다.

- **Its** price was very high.
  그것의 가격은 매우 높았다.

위의 두 문장을 한 문장으로 만들어 보자.

- **The hat** [whose price was very high] was his present.
  [그것의 가격이 매우 높았던] 그 모자는 그의 선물이었다.

⋯▶ The hat whose price **was** very high **was** his present.
  * 보통의 문장은 이렇게 보이는데, 한 문장에 was가 두 개나 있어서 혼동하는 경우가 많다. 위의 해석과 잘 비교하여 was가 각각 어떻게 쓰였는지 지금 꼭 확인하기 바란다.

영어는 꾸며주는 말이 뒤에 온다는 것을 다시 한 번 기억하자.
이렇게 '~의'라고 해석되는 관계대명사를 '**소유격 관계대명사**'라고 한다.
같은 의미이지만 모양이 다른 '**of which**'도 있다.

정리하면, 소유격 관계대명사는 'whose'와 'of which'가 있다. 'of which'는 딱딱한 느낌을 주기 때문에 'whose'를 더 많이 쓴다. 간혹 선행사가 '생물'일 때는 'whose', '무생물'일 때는 'of which'를 쓴다고 구분하기도 하는데, 실제 사용에서는 꼭 그렇지는 않다. 보통은 그냥 'whose'를 쓰면 된다.

- The hat **of which** the price was very high was his present.

Whose를 사용했을 때와 해석은 똑같다. 다만 영어로 쓸 때는 'of which'다음에 오는 price에 the를 붙여줘야 한다. whose를 쓰는 것보다 조금 복잡해 보이고, 딱딱한 어투가 되므로 굳이 회화에서는 잘 사용하지 않는다.

POINT!

소유격 관계대명사의 해석

- **The hat, whose price was very high**, was his present.
  그 모자, 그것의 가격이 매우 높은 (그 모자는), 그의 선물이었다.

(그 모자는)처럼 앞에서 꾸밈을 받는 선행사를 다시 한 번 말해주면 해석과 이해가 훨씬 더 편하다.

소유격 관계대명사 독해연습

1. My friend is **an actor whose** mother is a famous actress.

2. We helped **a woman whose** car had broken down.

3. I met **a boy whose** sister was a famous movie star.

4. My brother has **a house whose** roof is red.

5. He has **a son whose** name is James.

6. You can see **a mountain whose top** is covered with snow.

7. You can see **a mountain the top of which** is covered with snow.

8. **The old man whose** hair is grey is my grandfather.

9. Tobacco is **a plant whose** leaves are used for making cigarettes.

10. Sam has **a coat whose** collar is so big.

소유격 관계대명사 영작연습

1 나의 친구는 배우(이다) / **그의 어머니가 유명한 여배우인**

My friend is an actor _____ mother is a famous actress.

2 우리는 도왔다 한 여자를 / **그녀의 자동차가 고장 난 상태였던** (한 여자를).

We helped a woman _____ car had broken down.

3 나는 만났다 한 소년을 / **그의 누나가 유명한 영화배우였던** (소년을).

I met a boy _____ sister was a famous movie star.

4 나의 형은 가지고 있다 집을 / **그것의 지붕이 빨간색인** (집을).

My brother has a house _____ .

5 그는 가지고 있다 아들을 / **그의 이름이 James인** (아들을).

He has a son whose _____ .

6 너는 볼 수 있다 하나의 산을 / **그것의 정상이 눈으로 덮여 있는** (산을).

You can see a mountain _____ top is covered with snow.

7 너는 볼 수 있다 하나의 산을 **그것의 정상이 눈으로 덮여 있는** (산을).

You can see a mountain the top _____ is covered with snow.

8 그 나이든 남자 / **그의 머리카락이 회색인** (그 남자) / 는 나의 할아버지다.

The old man whose _____ is my grandfather.

9 담배는 하나의 식물이다 / **그것의 잎들이 담배를 만드는데 사용되는**

Tobacco is a plant whose _____ for making cigarettes.

10 Sam은 가지고 있다 하나의 외투를 / **그것의 옷깃이 매우 큰** (외투를).

Sam has a coat _____ .

관계대명사의 생략

안 쓰면 더 편리하다

회화를 하다보면, 여러분도 관계대명사를 자연스럽게 생략하고 싶어진다

영어를 쓰는 사람들은 영어는 기본적으로 '뒤에서 꾸며준다는 것'을 누구나 알고 있다. 그렇기 때문에 관계대명사를 안 쓰고도 '꾸며주는 말'인지 꾸며주는 말이 아닌 '다른 문장' 인지를 쉽게 구분할 수 있는 경우에는 관계대명사를 굳이 쓰지 않는다. 말은 짧을수록 편리 하니까.

1 목적격 관계대명사는 생략한다.

- I lost my **hat that** he bought.
  나는 잃어버렸다 나의 **모자를** 그런데 그것을 그가 사주었다.
  = 나는 잃어버렸다 **그가 사준** 나의 **모자를**

이 문장에서 that은 '그런데 그것을'로 쓰여서 문장에서 목적어 역할을 하고 있다. 이 'that'은 다음처럼 생략이 가능하다.

- I lost my **hat he bought.**
  나는 잃어버렸다 나의 **모자를** 그가 사준.
  * 끊어 읽어야 원어의 뜻을 살릴 수 있다. 이렇게 해석하고 끊어 읽기 연습을 하기 바란다.

- 나는 잃어버렸다 나의 **모자를** / 그가 사준

1. 꾸며주는 문장에 분사가 있으면 분사만으로도 충분하다.

앞서 보았듯이 '분사'는 '형용사'이므로 명사를 꾸며줄 수 있다. 명사에 붙여서 써주기만 하면 꾸며주는 역할을 충분히 할 수 있다. 분사는 현재분사와 과거분사가 있고, 어떻게 해석되는 지는 V6동사변화표에서 충분히 익혔을 것이다.

- 현재분사 : ~하는 중인 : ~ing
- 과거분사 : ~한, ~된 : ~ed 또는 불규칙 형태

분사의 뜻만 잘 알고 있어도 쉽게 이해할 수 있다. 뜻이 생각이 잘 안 나는 분들은 V6 동사변화표로 다시 한 번 연습해 보기 바란다.

주격관계대명사와 be동사가 없이 '분사'만으로도 충분히 꾸며줄 수 있기 때문에 주격관계대명사와 be동사는 생략해도 되는 것이다.

▶ 현재분사가 쓰였을 경우

꾸며주는 말이 〈주격 관계대명사 + be동사 + 현재분사〉와 같을 때 〈주격 관계대명사 + be동사〉를 생략하고 현재분사만으로 앞의 명사를 꾸며줄 수 있다.

- I saw **the girl who was singing**.
  나는 봤다 그 소녀를 (그 사람은) 노래하는 중이었던 (소녀를).

  ⋯▸ I saw **the girl singing.**
   나는 봤다 그 소녀를, 노래하는 중인
   = 나는 봤다 노래하는 중인 그 소녀를.

247

<who was>가 없어도 '노래하는 중인'이라는 뜻은 변하지 않는다.
즉, '현재분사'만으로도 충분히 소녀를 꾸며줄 수 있으므로 〈관계대명사+be동사〉를 생략해도 되는 것이다.

▶ **과거분사가 쓰였을 경우**

꾸며주는 말이 〈관계대명사 + be동사 + 과거분사〉일 때에도 역시, 뒤에서 꾸며주는 영어의 특성과 형용사처럼 쓰이는 분사의 개념을 알고 있다면, 이런 문법 공식은 아주 쉽다는 것을 알게 된다.

• I saw **the window that was broken.**
  나는 봤다 그 창문을 (그것은) 깨져 있던 (창문을).

• I saw **the window broken.**
  나는 봤다 그 창문을, 깨진 = 나는 봤다 깨진 그 창문을.
  (해석의 쉼표에서 끊어 읽어야 원어의 뜻을 느낄 수 있다.)

여기서도 '과거분사'만으로도 창문을 꾸며줄 수 있으므로 〈관계대명사+be동사〉를 생략하고 쓸 수 있다.

12 영어를 잘하는 것처럼 보이게 하는 What

뭔가를 물어볼 때 가장 많이 써서 너무나 익숙한 단어가 'what'이다. 그런데 영어를 공부하다 보면 분명 의문문은 아닌데 등장하는 what 때문에 당황할 때가 있다. 이렇게 갑자기 등장하는 what은 관계대명사라고 보면 된다.

- I don't know **the thing which** you are talking about.
  나는 모르겠다 **그것을** / 네가 말하고 있는 **(그것을)**.

위 문장에서 무엇을 가리키는지 모르는 'the thing'이 있다. 어차피 모르는 것(the thing)과 뒤에 있는 관계대명사 which를 합쳐서 짧게 쓰는 것이 관계대명사 'what'이다.

- I don't know **what** you are talking about.
  나는 모르겠다 **그 무엇인가를** / 네가 말하고 있는 **(그 무엇인가를)**.

what의 원래 의미인 '무엇'이 그대로 살아 있다. 관계대명사 what은 '그 무엇인가'라고 해석해 주면 이해가 훨씬 쉽다. 이해를 하고 나면 나중에는 이렇게 해석할 필요도 없겠지만, what이 익숙지 않다면 우선은 이렇게 해석하자.

- **What** they want to buy is this cell phone.
  그 무엇인가 / 그들이 사기 원하는 **(그 무엇인가는)** /는 이 휴대폰이다.

- I don't know **what** to do.
  나는 모르겠다 **그 무엇인가를** / 해야 할 **(그 무엇인가를)**.
  나는 모르겠다 **무엇을** 해야 할지.

- Do you know **what** I mean?
  너는 알겠니? **그 무엇인가를** / 내가 뜻하는 **(그 무엇인가를)**?

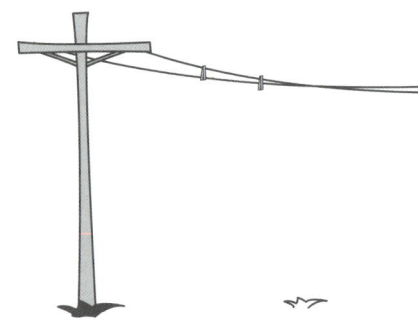

관계대명사 what 독해연습

1. That's just **what** I was thinking.
   …▶

2. I know **what** you did last summer.
   …▶

3. **What** I want to drink is a glass of water.
   …▶

4. **What** she said made me angry.
   …▶

5. **What** I played was baseball.
   …▶

6. **What** I want to have is this book.
   …▶

7. **What** we need most is your help.
   …▶

8. I gave her **what** I had.
   …▶

9. Can he understand **what** you are trying to say?
   …▶

10. **What** I like most is to listen to music.
    …▶

관계대명사 what 영작연습

1 그것은 바로 그 무엇이다 / 내가 생각하던.

   That's just what _____ .

2 나는 알고 있다 / 그 무엇인가를 네가 지난여름에 했던 (그 무엇인가를)

   I know what _____ .

3 그 무엇 / 내가 마시기 원하는 (그 무엇) /은 한 잔의 물이다.

   What _____ is a glass of water.

4 그 무엇 / 그녀가 말한 (그 무엇) /은 만들었다 나를 화나도록.

   What _____ made me angry.

5 그 무엇 / 내가 경기한 (그 무엇) /은 야구였다.

   What _____ was baseball.

6 그 무엇 / 내가 갖기를 원하는 (그 무엇) /은 이 책이다.

   What _____ is this book.

7 그 무엇 / 우리가 가장 필요로 하는 (그 무엇) /은 너의 도움이다.

   What _____ is your help.

8 나는 주었다 그녀에게 그 무엇인가를 / 내가 가졌던 (그 무엇인가를)

   I gave her what _____ .

9 그는 이해할 수 있니? 그 무엇인가를 / 네가 말하려고 노력하는 (그 무엇인가를)

   Can he understand what _____ ?

10 그 무엇 / 내가 가장 좋아하는 (그 무엇) /은 음악을 듣는 것이다.

   What _____ is to listen to music.

Chapter 4

13 절

문장 안에 다른 문장을 넣는 방법

절은 〈주어 + 동사〉가 있는 문장의 형태다

1 that절로 자세히 설명하기

영어 공부를 하다보면 that절이라는 말을 많이 듣게 된다.
절이란 〈주어 + 동사〉가 있는 완벽한 하나의 문장을 뜻하는데, 이 절이 다른 문장 안에 들어가서 '주어'나 '목적어'역할을 한다. 이것이 'that절'이다.
뜻은 〈누가 ~하는 것〉이다.

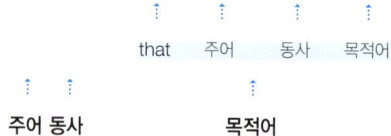

이렇게 문장 전체를 '목적어'처럼 쓰고 싶다면 that절을 쓰면 된다. 영어로 쓰면 아래와 같다.

- **I believe that he loves her.**

                    that 주어 동사 목적어
  주어 동사   목적어

문장 전체를 '주어'처럼 사용할 때도 마찬가지이다.

- **That he loves her** is surprising.
  그가 그녀를 사랑한다는 것은 놀랍다.

2 간접의문문으로 공손하게 표현하기

• 나는 모른다 그가 어디 있는지를

이렇게 문장 안에 다른 문장을 넣어서 자신이 뭔가를 모르고 있으니 가르쳐 달라는 식으로 물어보는 것을 '간접의문문'이라고 한다.

뭔가를 직접 물어볼 수도 있지만, 뭔가를 잘 모르겠다는 식으로 간접적인 표현을 써서 물어 볼 수도 있다.

• **Where is he?** – 직접의문문
어디 있니 그가?

• **Do you know where he is?** – 간접의문문
너는 아니 **어딘가를? 그가 있는**. (그가 있는 **어딘가를**?)

• **I don't know where he is.**
나는 모른다 **어딘가를 그가 있는**.
(나는 그가 있는 **어딘가를** 모르겠다.)

영어도 말이 짧을수록 반말에 가깝고, 말이 길수록 공손한 표현에 가깝다.

문장이 길고 짧다는 것 외에 직접의문문과 간접의문문에는 중요한 차이점이 있는데, 의문사 다음에 오는 말의 어순이 다르다는 것이다. 직접의문문은 의문사 다음에 주어와 동사의 위치가 바뀌어서 〈의문사 + 동사 + 주어〉의 순서이고, 간접의문문은 주어와 동사의 순서가 〈의문사 + 주어 + 동사〉로 평서문과 같다.

간접의문문이라고 이름을 붙이기는 했지만, 앞에서 배운 관계대명사의 용법과 같은 것이다. 뒤에서 꾸며주는 문장구조만 이해하면 된다.

아래 문장과 다를 것이 없다.

- I understand **what** he said.

  나는 이해한다 **그 무엇인가를 / 그가 말한.**

  (나는 이해한다 그가 말한 그 무엇인가를.)

관계대명사의 개념이 올바로 서 있어야 이해할 수 있는 것이 간접의문문이다. 어순이나 꾸며주는 말의 위치가 같기 때문이다.

POINT!

✱ 간접 의문문의 올바른 해석

다음처럼 원래 문장과 꾸며주는 문장으로 구분해보면 이해가 쉽다.

- I don't know **where**
                he is.

  나는   모른다   어딘가를
   ↑   ↑   ↑   그가 있는 (곳을)
  주어   동사   목적어   ↑   ↑   ↑
                               주어 동사 목적어

  (= 나는 모른다 **그가 있는 어딘가를**)

  영어는 언제나 〈**주어 + 동사 + 목적어**〉순이고, 뒤에 붙는 문장도 언제나 〈**주어 + 동사 + 목적어**〉 순이다.

문장 맨 뒤에 붙은 '곳을'과 '어딘가를'은 결국 같은 곳을 가리키는 말이고, '어딘가를' 안에 '곳을'이 포함되어 있어서 쓸 필요가 없다. 우리말로는 '곳을'을 넣어주는 것이 더 자연스럽지만 영어는 굳이 그렇게 하지 않는다.

이와 같이 뒤에서 꾸며주는 영어의 특성에 익숙해지면, 영어는 더 이상 어려운 언어가 아니다.

주의!

✱ **위의 어순대로 지켜지지 않는 간접의문문도 있다.**

• Do you know who he is?
   너는 아니 그가 누구인지?

이렇게 물으면 위의 규칙대로 간단하다.
하지만 "너는 그가 누구라고 생각하니?"라고 묻고 싶다면,

• Do you think who he is? (×)

이렇게 만들면 되겠지만 실제 사용은 그렇지 않다.

• **Who do you think** he is? (o)

이렇게 중간에 있는 who를 맨 앞에 놓아야 원어민들에게는 자연스럽다.
특정 동사가 쓰이면 의문사를 맨 앞으로 빼서 말하는 습관이 있다.

think, believe, guess, suppose, say 등의 동사가 쓰이면, 중간에 있던 의문사가 문장의 맨 앞으로 보내진다.

efgabcd efgabcd efga
 abïjklm abïjklm ab
 nopst nopst n
  hijklm hi

Chapter 5

유창한 의사소통은 시제가 포인트다

Chapter 5

1. 현재시제가 쓰이는 경우

1 조건문일 때 현재시제를 쓴다

다음 중 맞는 문장을 골라보자.

① **If it will rain** tomorrow, I won't go to the park.
② **If it rains** tomorrow, I won't go to the park.

좀 애매하다면, 위의 문장을 그대로 해석해 보자.

❶ 내일 **비 올 것이라면**, 나는 그 공원에 가지 않을 것이다.
❷ 내일 **비 온다면**, 나는 그 공원에 가지 않을 것이다.

❶번은 '비가 올지 안 올지' 확실히 모르는 지금, 단지 '올 지도 모른다'고 미래를 추측하는 것만으로 결정하겠다는 것이고, ❷번은 확실히 현실이 되면 그렇게 하겠다는 것이다. 다시 말해서, 확실히 내일 비가 오는 조건이 성립되면 공원에 가지 않는 것이다.
올 것이라는 추측만으로 가지 않겠다고 말하는 ❶번은 우리말로도 틀린 말이다.

그래서 정답은 ②번이다.

다른 설명을 덧붙이자면, 조건문에는 시제가 없다. 그 조건이 성립되느냐, 되지 않느냐 하는 '비가 오면 '또는 '비가 안 오면'이라는 조건이 있을 뿐이지 '올 것이라면', '올 지도 모른다면'이런 식의 표현은 명확한 조건을 제시하지도 못하는 표현이므로 쓰지 않는다. 조건문과 같은 시제가 없는 문장이라면 당연히 대표 시제인 '현재시제'로 표현해야 올바른 표현이 된다.

[조건문에서는 현재시제를 쓴다]라고 무조건 외웠던 문법을 이제는 이해하고 알아두자.

앞서 공부했던 현재와 미래의 개념을 확실히 갖고 있기만 한다면, 당연히 조건문에서 현재시제를 사용하고 싶어질 것이다. 만약 아직도 잘 이해가 안 된다면, 미래시제편을 다시 한 번 보기 바란다.

위의 설명 중 어떤 것으로 이해를 해도 상관없다. 위의 두 가지 설명을 읽어 봤다는 기억만으로도 여러분은 이미 '조건문에서는 현재시제를 쓴다'는 것이 기억됐을 것이다.

TIP!

❈ **if 조건문 쉽게 만들기**

(1) 먼저 현재시제를 써서 문장을 만든다.

- He **comes** here,

  그가 여기 **온다**,

(2) 거기에 면을 붙인다.

- **If** he **comes** here,

  그가 여기 **온다면**,

(3) '~할 것이다'를 이용해서 문장을 만든다.

- **If** he **comes** here, I **will meet** him.

  그가 여기 **온다면**. 나는 그를 **만날 것이다**.

2 미래의 때를 나타낼 때 현재시제를 쓴다.

다음 중 맞는 문장을 골라보자.

① When my sister **comes** here, I will go out.
② When my sister **will come** here, I will go out.
③ When my sister **came** here, I will go out.

눈치 빠른 분이면 이미 답이 나왔을 것이다.

❶ 내 여동생이 여기 오는 때, 나는 나갈 것이다.
❷ 내 여동생이 여기 올 것일 때, 나는 나갈 것이다.
❸ 내 여동생이 여기 왔던 때, 나는 나갈 것이다.
　* 영어 그대로 해석하면 '왔을 때'가 아니고 '왔던 때'이다.

답은 ①번. 여동생이 오는 그 때에 나갈 것이라고 표현해야 한다.

②번은 올 것이라는 미래를 추측하는 것만으로도 나갈 것이라는 말이라서, 지금도 여동생이 올 것이라는 추측이 가능하므로 지금 나갈 수도 있다는 뜻이다. 역시 미래시제에 대한 개념 이해가 필요하다. 혹시라도 이해가 안 되시는 분은 미래시제편을 다시 보기 바란다.

③번은 흔히 "내 여동생이 왔을 때, 나갈 것이다."라고 해석하는데, '왔' 때문에 과거 같기도 하고, '을' 때문에 미래 같기도 하여 헷갈리기 쉽다. 영어 그대로 '왔던 때'로 해석하면 혼동되지 않는다.

외우기보다는 이해하는 편이 좋지만, 외울 때는 〈오는 것 + 때〉 = 〈오는 그때〉라고 외워두면 나중에 혼동되지 않고 쓸 수 있다.

보통은 "**시간, 조건의 부사절에서는 현재가 미래를 대신한다.**"라고 정리하지만, 독해나 영작 등을 할 때 이런 항목을 일일이 기억하기는 어렵다. 위의 예문들처럼 해석 자체를 문장에 맞게 하다 보면, 나중에는 저절로 올바르게 사용하게 된다.

Chapter 5

가정법

가짜로 생각해 보기

가정법은 외운 공식대로 사용하고, 여기서 배운 대로 직역해야 한다

가장 많이 쓰이는 가정법은 '**가정법 과거완료**'이지만, 먼저 배우는 '**가정법 과거**'조차 어렵게 생각하기 때문에, 영어를 배우는 사람들은 좀처럼 가정법을 사용하지 않는 경우가 많은데, 가정법도 올바른 해석을 통하면 쉽게 이해하고 사용할 수 있다.

가정법은 현재에는 일어나 있지 않은 사실을 가짜로 상상해 보는 것이다. 그런데 '과거 시제'를 이용하기 때문에 '가정법 과거'라고 한다. 말하고자 하는 의미는 '**현재의 상황을 반대로 상상해 보는 것**'이다.

이런 상황을 상상해 보자.

유창이가 지하상가를 걸어가고 있는데, 멋진 우산을 발견했다. 사고 싶지만 집에 우산을 많이 가지고 있고, 지금 당장 쓸 일도 없어서 사지 않았다. 그런데, 30분쯤 후에 지하철에서 내려 밖에 나와 보니 비가 오고 있다. 지금 현재 비가 오고 있는 것이다. 이때 유창이는 우산을 사지 않은 현재의 상황을 후회하면서 이렇게 말한다.

"그 멋진 우산을 **샀다면 좋았을** 텐데, 안타깝다"

263

이렇게 과거 시제를 써서 현재 상황에 대한 반대 상황을 생각하면서 말하고 있다.

지금 현재 그 멋진 우산을 가지고 있지 않는 것을 가정법으로 말하면서 반대 상황이었다면 더 좋았을 것이라고 말하고 있는 것이다. 사지 않았던 것에 대한 후회도 들어있다. 위의 표현이 우리말로도 전혀 어색하지 않다.

그러나 만약, 위의 문장을 다음처럼 표현한다면 어떨까?

"그 멋진 우산을 **산다면**, **좋을 텐데**, 안타깝다."

이미 우산을 사지 않은 지금 현재에 이런 식으로 말하지 않는다. 가정법 과거를 "만약 ~라면, ...할 텐데"라고 해석하는 경우가 많은데, "만약 **~였다면**, **...했을** 텐데"라고 해석해야 옳다. 가정법 과거 형태와 해석은 다음과 같다.

If ~동사과거, 조동사 과거(would, could 등)
~였다면, ~했을 것이다 / ~할 수 있었을 것이다

가정법과거는 꼭 다음과 같이 해석한다.

① **If** I **were** you, I **would buy** the house.
  만약 내가 너**였다면**. 나는 그 집을 **샀을 텐데**. (사지 않았다.)

② **If** she **had** a car, she **would take** the kids to their school.
  만약 그녀가 차를 **가지고 있었다면**. 그녀는 그 아이들을 그들의 학교에 **데려다 주었을 것이다**.

③ **If** I **got** a ticket, I **could enter** the concert hall.
  만약 내가 표를 **얻었다면**. 나는 그 콘서트홀에 **들어갈 수 있었을 것이다**.
  (= 들어갈 수 있었을 텐데)

* 가정법에서는 'was'대신에 'were'를 쓴다. 특별한 이유가 있다기보다는 그들도 습관처럼 쓴다고 한다. 그럼 'was'를 쓰면 틀리느냐? 그렇지는 않다. 원어민들에게 직접 물어봐도 틀리다기보다는 조금 어색할 뿐이라고 한다. 아직도 'were'를 안 쓰고 'was'를 쓰면 무조건 틀리다고 하면서 자신감을 잃게 하는 경우가 있는데, 너무 엄격한 규제는 영어로 말하기에 방해가 된다. 외국인이 이 정도의 어색한 표현을 쓰는 것은 문제없으니 우리끼리도 너무 완벽하려고 하지 말자.

3 가정법 과거완료의 해석

가장 많이 쓰이는 가정법 과거완료

실제로는 가정법 중에 가장 많이 쓰이는 것이 '가정법 과거완료'이다. '가정법 과거완료'는 '과거의 일이 그 반대였다면 어땠을까'를 상상해 보는 표현이다.

과거완료 시제를 이용하기 때문에 '가정법 과거완료'라고 한다.

'과거의 상황을 반대로 상상해 보는 것'이다.

| 만약 | ~한 상태였다면, | ...한 상태였을 텐데 |
| If | ~과거완료, | 조동사 과거(would, could...) + have p.p |

이미 배운 완료시제를 이용한다.

[한 상태이다] = [have p.p.]
⋯▶ [한 상태였을 것이다] = [would have p.p.]

- **If** I **had caught** the bus in the morning, I **would have met** her.
  만약 내가 그 버스를 **잡아 탄 상태였다면**, 나는 그녀를 **만난 상태였을 것이다.**
  (지금은 저녁때이고, 오늘 아침에 버스에서 그녀를 만나지 못한 상황을 반대로 상상하면서 말하고 있는 표현이라고 생각하면 이해가 쉽다.)

265

- **If** I **had studied** harder when I was a high school student, I **would have entered** a better university.

  내가 고등학교 때 더 열심히 **공부한 상태였다면**. 나는 더 좋은 대학에 **들어간 상태였을 것이다.**

  ∗ 그 당시에 그랬을 것이다. 지금은 이미 졸업했지만...

- **If** he **had come** to the park earlier, he **might have met** her.

  만약 그가 그 공원에 더 일찍 **온 상태였다면**. 그는 그녀를 **만난 상태였을지도 모른다.**

  ∗ 그 당시에 만났을 것이다. 지금과는 아무 상관없다.

이 문장들을 이해한 것으로 끝내지 말고 지금 생각나는 과거의 일들을 '가정법 과거완료'를 써서 반대의 상황으로 표현해 보는 연습을 해보기 바란다.

Chapter 5

4 다양한 미래 표현

형태와 뜻을 그대로 익혀두자

1 will과 be going to의 구분

▶ will (~할 것이다)

- I **will go** to college.
  나는 대학에 **갈 것이다.**

▶ be going to (~할 예정이다)

- I **am going to go** to college.
  나는 대학에 **갈 예정이다.**

▶ be about to (~하려고 한다)

- I **am just about to leave** for Jeju.
  나는 **막** 제주로 **떠나려고 한다**. = 막 **떠나려는 참이다**.

  * just를 넣어서 '막'이라는 의미를 강조한다.

어느 날 아침 Tom은 자신의 우산이 망가진 것을 발견하고 아빠에게 말한다.

- Tom : 아빠, 제 우산이 망가졌어요.
- Dad : 그러면, 아빠가 하나 새로 사줄게. (사줄 것이다.) ❶
  I **will buy** one for you.

267

Tom이 나간 뒤 엄마가 Tom의 망가진 우산에 대해서 아빠에게 말한다.

- Mom : Tom의 우산이 망가졌더라고요.
- Dad : 응, 알고 있어요. 내가 하나 새로 사줄 예정이에요. ❷
  I **am going to buy** one for him.

will은 ❶번처럼 이전에 별다른 예정에 없다가 알게 되었을 때, '바로 생각해서 앞으로 뭔가를 할 것이라고 할 때' 쓴다.

be going to는 ❷번처럼 이미 알고 있는 상태에서, '그 일을 하려고 이전에 **이미 마음먹고 있었을 때**' 쓴다. 그래서 '~할 예정이다'라고 해석하면 정확한 해석이 된다.

때때로 구분 없이 쓰기도 하는데, 개념적으로는 ❶, ❷처럼 구분한다는 것을 알아두자. 아무 때나 구분 없이 쓰는 것은 오히려 이상한 표현이 될 수도 있다.

예를 들면,

집에서 갑자기 전화가 울리는데,

- I **am going to answer** the phone.
  내가 전화 **받을 예정이야**.

이러면 이상하다.

- I **will answer** the phone.
  내가 전화 **받을 거야**. (받을 것이다.)

이래야 어색하지 않다.

> **주의!**
>
> '먼 미래'일 때는 'will'을, '가까운 미래'일 때는 'be going to'를 사용한다고 설명하는 경우도 있는데, 이것은 잘못된 설명이다.
>
> 가깝거나, 먼 것은 이 두 가지 표현을 구분하는 기준이 되는 것이 아니고, 이미 '생각해 봤는지', '생각해보지 않았는지'가 구분의 기준이다.
>
> 미리 생각해 봤던 일이고 마음속에 이미 정한 일이라면 'be going to'를 쓰고, 예정에 있지 않았던 일이라면 'will'을 쓴다.

2 여러 가지 시제로 미래를 표현할 수 있다.

- I **will go** to the movie next Saturday.

  나는 영화 보러 **갈 것이다** 다음 토요일에.

- I **am going to go** to the movie next Saturday.

  나는 영화 보러 **갈 예정이다** 다음 토요일에.

- I **go** to the movie next Saturday.

  나 영화 보러 **간다** 다음 토요일에.

  * 우리말에서와 같이 매우 확실한 미래의 경우 현재 시제를 써서, 앞으로의 일이 변하지 않을 사실인 것을 표현한다.

- I **am going** to the movie next Saturday.

  나 영화 보러 **간다** 다음 토요일에.

  * 영어로는 '가는 중이다'라고 표현한 경우지만 우리말로는 '갈 것이다' 정도로 이해하면 된다. 미래 시제를 대신해서 현재진행 시제를 썼다. 영어에서는 매우 흔히 쓰는 미래 표현이므로 연습해 두는 것이 좋다. **원어민들이 버릇처럼 많이 쓰는 미래 표현이다.**

3 현재진행시제와 always(항상)이란 말을 함께 쓰면 불만의 표시

- He **always plays** computer games.
  그는 항상 컴퓨터 게임을 **한다**. (그가 언제나 그렇게 한다는 말을 할 때.)

- He **is playing** computer games now.
  그는 지금 컴퓨터 게임을 **플레이하는 중이다**. (그냥 지금 하는 일을 표현할 때.)

- He **is always playing** computer games.
  그는 **항상(맨날)** 컴퓨터 게임을 **하는 중이다**.
  (약간 불만스러울 때 쓴다. '맨날 컴퓨터 게임만 한다'는 뜻.)

위의 예처럼 쓰고자 해서 쓰게 된 것이 아니고, 사람들이 미래 표현을 조금씩 다르게 말하다보니 위와 같이 쓰게 된 것이다. 그들의 말하는 습관일 뿐이다. 습관 표현은 문법으로 따지기보다는 표현 방법의 하나로서 이해하고 익혀두자.

Chapter 6

외우기만 하면 되는 것들

1 조동사

조동사는 동사를 쉽게 해준다
조동사 뒤에는 무조건 동사원형이다

조동사는 동사 앞에서 동사의 뜻을 좀 더 세밀하게 표현해 주는 역할을 한다. 조동사가 도와주면 뒤에 있는 동사는 특별히 모양을 바꾸지 않아도 조동사의 뜻에 따라 의미가 정해진다. 따라서 동사는 '원형'을 그대로 쓴다.

조동사 뒤에는 반드시 동사원형을 쓴다.

조동사는 그냥 외우면 된다. 여러 가지 뜻으로 해석될 때가 있지만, 여기에서 제시한 뜻대로만 알아 놓으면, 다른 동사와 결합되었을 때도 큰 어려움 없이 이해할 수 있다.

will : ~ 할 것이다.

- The president **will visit** Africa in December.
  그 대통령은 **방문할 것이다** 아프리카를 12월에.

may : ~ 인지 모른다. ~ 해도 된다.

- You **may go** home after finishing the work.
  너는 **가도 된다** 집에, 그 일을 끝낸 후에.

- Sam **may be** in the kitchen.

  Sam은 **있을지 모른다** 주방에.

- **Maybe** she is in love.

  아마도 그녀는 사랑에 빠진 것 같아.

  * Maybe는 문장 맨 앞에 쓰며, '아마도'라는 뜻이다.

Can : ~ 할 수 있다, ~ 해도 된다

- The baby **can swim**.

  그 아기는 할 수 있다 수영을.

- She **can go** out after cleaning her room.

  그녀는 **나가도 된다** 그녀의 방을 청소한 후에.

  그녀는 **나갈 수 있다** 그녀의 방을 청소한 후에.

  * '할 수 있다'는 뜻을 살려서 해석해도 된다. 우리말로도 영어와 같은 뜻으로, 허락을 나타낼 수 있다.

Would : ~했을 것이다, ~할 것이다

would는 will의 과거형이며, 권유하거나 물어볼 때 쓰는 공손한 표현, will의 약한 표현'이다.

- **Would** you like to see a menu?

  메뉴를 보시**겠어요**?

- He **would see** his brother.

  그는 그의 동생을 **만났을 것이다**.

might : ~인지 모른다

Might는 'may의 과거', '공손한 표현', '좀 더 불확실할 때 쓰는 표현'이다.

- She **may** work for the bank.
- She **might** work for the bank.
  그녀는 일하는**지도 모른다** 그 은행에서.

may를 써도 좋고 might를 써도 좋다. may는 불확실한 것에 대한 표현인데, 조동사의 과거형이 현재에 쓰이면 어차피 더 약한 추측을 나타낼 수 있기 때문이다. 크게 구분 없이 써도 된다.

could : ~ 할 수도 있다, ~할 수 있었다

could는 can의 과거이며, 현재의 공손한 표현이다.

- He **could send** the letter.
  = He was able to send the letter.
  그는 보낼 수 있었다 그 편지를.

  ※ 과거시제에 쓰인 could는 '할 수 있었다'로 해석해야 한다.

- **Can I speak** to Mr. Anderson?
  Anderson씨와 통화할 수 있을까요?

- **Could** you **lend** me the book?
  당신은 **빌려줄 수도 있나요** 나에게 그 책을? (공손한 표현)

현재시제에 쓰인 could의 해석은 can처럼 하면 된다. 다만, 우리말 뜻으로 구분해서 그 차이가 있음을 나타내려고 '~수도 있다'로 해석했다. 실제로는 can처럼 그냥 '할 수 있다'로 해석해도 된다.

Should : ~해야 할 것 같다

shall의 과거형이지만, 완전히 독립된 조동사로 보는 것이 좋다. 가벼운 의무를 표현한다.

• You **should take** care of your health.
　너는 **돌봐야 할 것 같다** 너의 건강을.

'너는 돌봐야 한다 너의 건강을.' 이렇게 해석해도 되지만 꼭 해야 되는 의무를 나타내는 'have to'나 'must'와 구분을 위해서 '~해야 할 것 같다'라고 익혀두면 should가 가진 뉘앙스를 익히는 데 도움이 된다.

ought to : ~해야 할 것 같다

should와 같은 표현이다.

• You **ought to take care of** your brother.
　너는 **돌봐야 할 것 같다** 너의 남동생을.

have to : ~해야 한다

'have something to'로 '~할 것을 가지고 있다'라고 이해하면 더 쉽다. '해야 할 뭔가를 가지고 있다는 것'은 '해야 한다'는 뜻이다.
'해야 할 뭔가가 없어진다면 하지 않아도 된다'는 뜻도 되므로 'have to'의 부정형 'don't have to'는 '~할 필요가 없다'의 뜻이 된다.

• I **have to bake** some cookies because I'll go on a picnic tomorrow.
　나는 **구워야 한다** 쿠키들을. 왜냐하면 나는 내일 소풍을 갈 것이기 때문이다.

- **I don't have to bake** any cookies because the picnic has been canceled.
  나는 **구울 필요가 없다** 아무 쿠키도, 왜냐하면 그 소풍이 취소된 상태이기 때문이다.

must : 반드시(확실히) 해야 한다, 확실히 ~이다, 확실히 ~이어야 한다

법이나 규칙, 의무 등 반드시 지켜야 할 경우에 쓰므로 보다 딱딱한 표현이다.

 must는 단순히 '해야 한다'라고 생각하면 활용이 쉽지 않다. 그래서 앞에 써놓은 '반드시, 확실히'를 넣어서 익혀 두면 부정문에서도 쉽게 응용할 수 있다.

- You **must eat** to live.
  너는 **반드시 먹어야 한다** 살기 위해서는.

- He **must be** a photographer.
  그는 **확실히** 사진사**이다**.

이 must를 부정문으로 쓰면,

- You **must not** drink that water.
  너는 저 물을 **반드시** 마시지 **말아야 한다**.

- He **mustn't be** there.
  그는 **확실히** 거기에 **있지 않다**.

'must not'의 뜻은 '반드시 not이어야 한다', '확실히 ~이 아니다'로 익혀두어야 정확한 용법대로 사용할 수 있다.

used to : ~하곤 했다. + 동사원형

과거에 규칙적으로 하던 일을 지금은 하지 않을 때 쓴다.

- I **used to** visit my uncle's.
  나는 방문**하곤 했다** 나의 삼촌 집을.

be used to : ~에 익숙해져 있다. + 명사, 동명사

- I **am used to** driving this car.
  나는 **익숙해져 있다** 이 차를 운전하는 것**에**.

get used to : ~에 익숙해진다. + 명사, 동명사

- I **got used to** city life.
  나는 **익숙해졌다** 도시 생활**에**.

✽ **be used to와 get used to의 차이**

'be used to'는 어떤 것에 이미 익숙해져 있는 상태를 말할 때 쓴다.
'get used to'는 어떤 것에 익숙해지는 과정을 말할 때 쓴다.

위의 예문에서 'I am used to driving this car.'는 그 차를 운전하는 것에 이미 익숙해져 있는 현재의 상태를 말하는 것이고, 'I got used to city life.'는 도시생활에 익숙해지는 과정을 겪었다는 것에 초점을 맞춰서 말하는 것이다.

- I **used** the soap for washing my hands.
  나는 **사용했다** 그 비누를 나의 손을 씻는데.
  ※ 여기서는 'used'는 단순히 use(사용하다)의 과거형으로 쓰였다.

do : ~한다, [조동사]

조동사로 쓰일 때는 일반동사의 의문문 만들 때, 부정문 만들 때, 동사를 강조할 때 쓰인다.

- They **want** to play baseball.

    그들은 **원한다** 야구하기를.

- **Do** they **want** to play baseball?

    원하냐? 그들은 야구하기를?

- They **do not want** to play baseball.

    그들은 **원하지 않는다** 야구하기를.

- They **do want** to play baseball.

    그들은 **정말로 원한다** 야구하기를.

    ※ 일반동사 앞에 do를 넣어주면 그 동사를 강조할 수 있다.
    우리말로는 적절한 말이 없어서 '정말로, 진짜로'같은 강조하는 말을 넣어서 해석한다.

조동사는 뜻이 매우 다양한데, 실용적인 회화나 독해, 영작에는 여기에 나와 있는 뜻만 익혀도 충분하다. 단, 위에서 살펴본 조동사의 뜻들은 확실히 알아야 한다.

Chapter 6

2 조동사 + have p.p.

반드시 시제편과 조동사편을 충분히 이해한 다음에 볼 것

1 should have p.p. (~했어야 한다)

- **I should have brought** my coat, because it's getting cold.

  나는 내 코트를 **가져왔어야 한다**, 왜냐하면 추워지니까. (그런데 가져오지 않았다.)

이 문장을 우리가 시제 편에서 배운 대로 해석해보면, 왜 이런 뜻이 되는지 알 수 있다.

	should		~해야 한다
+	have	p.p.	~한 상태이다
	should have	p.p.	~한 상태 이어야 한다

- **I should have brought** my coat because it's getting cold.

  나는 내 코트를 **가져온 상태이어야 한다**. 추워지니까.

- He **should have taken** the umbrella.

  그는 **가져간 상태이어야 한다** 그 우산을. (그런데, 가져가지 않은 상태이다.)
  = 그는 그 우산을 가져갔어야 한다.

원래의 뜻을 한 번이라도 이해해 놓아야 잘 기억할 수 있다.

2 could have p.p. (~한 상태일 수도 있었다)

could의 용법을 다시 한 번 기억해 내기 위해서 다음 문장을 보자.

- He **must be** a tennis player.
  그는 테니스 선수임**에 틀림없다.**

- He **can't be** a tennis player.
  그는 테니스 선수**일 수가 없다.**
  = 테니스 선수**일 리가 없다.**

- He **could be** a tennis player.
  그는 테니스 선수**일 수도 있다 / 있었다.**

- He **couldn't be** a tennis player.
  그는 테니스 선수**일 수가 없을 것 같다 / 같았다.**
  = 테니스 선수**일 리가 없을 것 같다 / 같았다.**

조동사의 과거는 '현재 시제의 약한 표현'이므로 '**~것 같다**'라고 해석하는 것이 좋다. 위 문장들에서의 느낌을 가지고 아래 공식과 예문을 보면 이해가 쉬울 것이다.

could			~일 수도 있었다. ~할 수도 있었다
+ have	p.p.		~한 상태이다
could	have	p.p.	~한 상태일 수도 있었다

- Be careful with that bat! It **could have hit** my head.
  조심해 그 야구방망이! 그것은 내 머리를 **친 상태일 수도 있었어**.
  (그러나 다행히 치지는 않은 상태야.)

- He **couldn't have caught** the bus because he had been already late.
  그는 그 버스를 **잡은 상태였을 수 없었을 것 같아**, 왜냐하면 그는 이미 늦은 상태였거든.

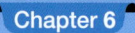

 형용사와 부사

형용사와 부사는 다른 단어와 함께 외워야 쉽다

1 아름다움, 아름다운, 아름답게

'아름다움'은 **명사**.
'아름다운'은 다른 명사를 꾸며줄 수 있는 **형용사**.
'아름답게'는 동사를 꾸며줄 수 있는 **부사**.

아래 예문을 우리말 뜻과 영어문장의 뜻을 비교하면서 읽어보자.

- 모든 꽃은 아름다움을 가지고 있다.
- 이것은 아름다운 꽃이다.
- 그녀는 아름답게 성장했다.

- Every flower has **beauty**.
- This is a **beautiful** flower.
- She grew up **beautifully**.

영어에서 명사와 형용사는 그냥 외울 수밖에 없지만, 위와 같이 뜻을 정확히 구분해서 외우면 실제 사용에서도 혼동되지 않고 사용할 수가 있다. 될 수 있으면 문장 중에서 외우는 편이 기억에 오래 남지만, 문장을 다 외우지 않더라도 형용사와 부사는 다른 단어와 함께 붙여서 외우는 편이 훨씬 좋다.

부사는 대부분 [-ly]가 붙어 있으므로 구분이 쉽고, [~하게]로 해석한다. 흔히 [-ly]를 붙이는 방법을 외우곤 하는데, 처음 보는 단어에 내 스스로 [-ly]를 붙여서 부사를 만들어서 쓰는 경우는 없으므로 굳이 부사 만드는 법을 외우려 하지 말고, 문장에서 부사를 접하는 경우에 [-ly]가 붙어 있는 형태를 잘 봐두는 편을 권장한다.

> **주의!**
>
> [-ly]가 붙어 있어도 부사가 아닌 단어들이 있으니 주의하자.
>
> -ly로 끝나는 형용사들 (-ly가 붙어 있지만 부사가 아님)
>
> | costly | 값비싼 | deadly | 치명적인 | friendly | 호의적인 |
> |---|---|---|---|---|---|
> | likely | 일어날 듯한 | lively | 활기찬 | lonely | 외로운 |
> | lovely | 사랑스러운 | silly | 어리석은 | ugly | 추한 |

2 빠른, 더 빠른, 가장 빠른 (원급 – 비교급 – 최상급)

우리말에서 형용사는 '~ㄴ'으로 끝난다.
빠른, 좋은, 아름다운, 예쁜, 노란, 파란, 높은, 낮은, 깊은, 긴, 짧은 등.
형용사에 '더'나 '가장'을 붙여서 다음처럼 쓰기도 한다.
빠른, 더 빠른, 가장 빠른
영어에서도 형용사에 다른 말을 덧붙이거나 형용사를 변형하여 사용한다.

> **규칙 변화 1 – 짧은 단어일 때**
>
> | [원급] | [비교급] | [최상급] |
> |---|---|---|
> | 빠른 | 더 빠른 | 가장 빠른 |
> | fast | fast**er** | fast**est** |

원래의 형용사를 '원급'이라 하고, 여기에 '-er'을 붙여서 '더 ~한'이라는 뜻의 '비교급'을 만든다. 원급에 '-est'를 붙이면 '가장 ~한'이라는 최상급이 된다.

규칙 변화 2 – 긴 단어일 때

[원급]	[비교급]	[최상급]
중요한	더 중요한	가장 중요한
important	more important	most important

3음절(모음이 3개) 이상의 긴 단어일 때는 'more', 'most'를 붙여서 비교급과 최상급을 만들어 준다. 단어를 따로 외우는 것보다 회화나 독해를 통해서 익히는 것이 좋다.

주의해야 할 불규칙 형용사 – 셀 수 있는 명사와 셀 수 없는 명사 앞에서의 구분

[원급]	[비교급]	[최상급]
많은	더 많은	가장 많은
many	more	most
much	more	most

many는 셀 수 있는 명사 앞에 쓰고, much는 셀 수 없는 명사 앞에 쓴다.
그러나 비교급과 최상급은 똑같다.

[원급]	[비교급]	[최상급]
적은	더 적은 [덜]	가장 적은
little	less	least
few	fewer	fewest

little은 셀 수 없는 명사 앞에 쓰고, few는 셀 수 있는 명사 앞에 쓴다.
little이 '적은'이라는 뜻이니, less는 '더 적은'이라고 하면 되지만 실제로 문장에서 쓰일 때는 '덜'이라고 해석해야 자연스럽다. 'at least'는 '가장 적게는'인데, 보통 줄여서 '**적어도**'라고 해석한다.

book은 셀 수 있는 명사이므로 many와 few를 쓴다.

- **I have many books.**
  나는 가지고 있다 **많은 책들을**.

- **I have more books.**
  나는 가지고 있다 **더 많은 책들을**.

- **I have a few books.**
  나는 가지고 있다 **적은 책들을**.

money는 셀 수 없는 명사이므로 much와 little을 쓴다.

- **I have much money.**
  나는 가지고 있다 **많은 돈을**.

- **I have more money.**
  나는 가지고 있다 **더 많은 돈을**.

- **I have a little money.**
  나는 가지고 있다 **적은 돈을**.

주의!

✽ little과 few의 주의해야 할 용법

'little'과 'few'는 실제 해석에서는 '거의 없는', '매우 적은'라는 뜻이다
'a little'과 'a few'는 '약간 있는', '약간의'라는 뜻이다.

- **I have little money.**
  나는 가지고 있다 **매우 적은** 돈을.   (거의 없다는 뜻)

- **I have a little money.**
  나는 가지고 있다 **약간의** 돈을.

- **I have few friends.**
  나는 가지고 있다 **매우 적은** 친구들을.   (거의 없다는 뜻)

- **I have a few friends.**
  나는 가지고 있다 **약간의** 친구들을.

주의해야 할 불규칙 형용사와 부사 – 원급은 다르지만 비교급과 최상급이 같은 경우

	[원급]	[비교급]	[최상급]
형용사	좋은 good	더 좋은 **better**	가장 좋은 **best**
형용사	잘 well	더 잘 **better**	가장 잘 **best**

good(형용사)과 well(부사)은 원급은 다르지만, 비교급과 최상급은 모양이 똑같다. 물론 형용사와 부사의 뜻이 다르므로, 해석도 각각 다르게 한다.

- I make cake **best**.

  나는 만든다 케익을 **가장 잘**.

- This is **the best** car.

  이것이 **가장 좋은** 자동차이다.

일반적으로 형용사의 **최상급 앞에는 'the'를 붙여서** 유일하다는 뜻을 더해준다.

주의해야 할 불규칙 형용사 – 원급은 다른데 비교급, 최상급이 같은 경우

[원급]	[비교급]	[최상급]
나쁜 (아픈)	더 나쁜 (더 아픈)	가장 나쁜 (가장 아픈)
bad	worse	worst
ill	worse	worst

'bad'와 'ill'은 둘 다 형용사이고 비슷한 뜻으로, 원급은 다르지만 비교급과 최상급이 같은 형태이다.

원급과 비교급, 최상급이 전혀 다른 단어들은 그 형태와 의미를 각각 알아두는 것이 좋다. 대부분의 형용사와 부사는 규칙적으로 변형해서 사용할 수 있으므로, 규칙만 알아두면 어렵지 않다.

287

Chapter 6

부정문 만들기

1 be동사가 있는 문장은 be동사 뒤에 not을 붙인다.

- He **is** in the garden.
  그는 정원에 있다.

  ▶ He **is not** in the garden.
  그는 정원에 있지 않다.

  = He **isn't** in the garden.

< be + not >는 대개 다음처럼 줄여서 사용한다.

She is not...	▶ She isn't...	= She's not...
They are not...	▶ They aren't...	= They're not...
She was not...	▶ She wasn't...	= She's not...
They were not...	▶ They weren't...	= They're not...
I am not...	▶ I'm not...	

※ 회화에서는 주어와 관계없이 전부 다 ain't로 줄여서 쓰는 경우도 있다.

2 일반동사의 부정문

- I **like** him. ▶ I **don't like** him.
  나는 **좋아한다** 그를.   나는 **좋아하지 않는다** 그를.

- She **likes** him. ▶ She **doesn't like** him.
  그녀는 **좋아한다** 그를.   그녀는 **좋아하지 않는다** 그를.

일반동사 앞에 'do/does not(하지 않는다)'를 넣어주면 된다. 과거일 때는 'did not'을 넣어주면 된다.

<do not> 역시 다음처럼 줄여서 사용한다.

do not ▶ don't

does not ▶ doesn't

did not ▶ didn't

3 일반동사의 부정문

조동사가 있는 문장은 조동사가 다 해준다. **조동사 뒤에 not을 써서 부정문을 만든다.**

- He **will** find that mistake.
  그는 발견할 것이다 그 실수를.
  - ⋯▸ He **will not** find that mistake. (부정문)
  - = He **won't** find that mistake. (부정문)
    그는 발견하지 못할 것이다 그 실수를.
  - * **will not = won't**

- They **should** take the medicine.
  그들은 그 약을 **복용해야한다.**
  - ⋯▸ They **shouldn't** take the medicine. (부정문)
    그들은 그 약을 **복용하지 말아야 한다.**

- David **can** play the guitar.
  David는 기타를 **연주할 수 있다.**
  - ⋯▸ David **can't** play the guitar. (부정문)
    David는 기타를 **연주할 수 없다.**

- Susan **has to** arrive here at 3.
  Susan은 여기에 **도착해야한다** 3시에
  - ⋯▸ Susan **doesn't have to** arrive here at 3. (부정문)
    Susan은 여기에 **도착할 필요가 없다** 3시에

4 완료형 시제의 부정문

한 문장씩 꼭 해석해 보고 해석과 비교해 보자.

• He **has** finished the work.
그는 **끝낸 상태이다** 그 일을.

⋯▶ He **hasn't** finished the work.   (부정문)
그는 **끝낸 상태가 아니다** 그 일을.

• They **have** been living here for 10 years.
그는 **살아오는 중이다** 여기서, 10년 동안.

⋯▶ They **haven't** been living here for 10 years.   (부정문)
그는 **살아오는 중이 아니다** 여기서, 10년 동안.

※ 완료진행시제의 해석은 시제편을 반드시 참조.

• Tory **had** gone last night at 9.
Tory는 **떠난 상태였다** 지난밤 9시에는.

⋯▶ Tory **hadn't** gone last night at 9.   (부정문)
Tory는 **떠난 상태가 아니었다** 지난 밤 9시에는.

• The city hall **will** have been being built for ten years in August next year.
그 시청은 **지어져오는 중일 것이다** 10년 동안 내년 8월에는.

⋯▶ The city hall **won't** have been being built for ten years in August next year.
그 시청은 **지어져오는 중이 아닐 것이다** 10년 동안 내년 8월에는. (부정문)

의문문 만들기

회화의 핵심

회화에서 가장 중요한 포인트는 의문문을 얼마나 빨리 만드느냐이다

회화는 보통, 질문과 대답으로 이어지므로, 묻고 싶은 말을 얼마나 빨리 정확하게 하느냐가 회화의 관건이라고 볼 수 있다.

의문문의 패턴을 외워서 말하면 쉽지만, 내가 묻고 싶은 의문문을 일일이 다 외워 놓을 수는 없으니, 의문문 만드는 방법을 알아두고 스스로 질문을 만들어보는 것이 좋다.

다음의 방법만 익히면 일일이 외우지 않아도 쉽게 의문문을 만들어 쓸 수 있고, 만들어 쓰다보면, 결국엔 자연스럽게 외워지게 된다.

POINT!

의문문을 만드는 방법의 포인트는 **'중요한 것을 맨 앞으로 보낸다'**는 것이다.

이것만 기억하고 있으면 의문문을 쉽게 만들 수 있다.

	He	likes	her	(그가 좋아한다 그녀를)
Does	he	like	her ?	(그가 **좋아하냐** 그녀를 ?)
Whom does	he	like	?	(**누구를** 그가 **좋아하냐** ?)
Who		likes	her ?	(**누가** 좋아하냐 그녀를 **?**)

1 be동사가 있는 문장의 의문문

• This **is** a car.
  이것은 자동차**이다**.

위 문장을 의문문으로 만들면,

이것은 자동차**이냐?** 가 된다.

즉, '~이냐?', '~아니냐?'를 묻는 것이므로 이 문장에서 중요한 것은 be동사이다. 그러므로 be동사인 is가 맨 앞으로 간다.

• **Is** this a car?
  이것은 자동차**이냐**?

'이것이 뭐냐?'라고 묻고 싶으면, 먼저 무엇인지 모르는 car를 what으로 바꾸고

• Is this what?

　▼　묻고 싶은 것이 가장 중요하므로 묻고 싶은 what을 맨 앞으로 보낸다.

• **What** is this?
  무엇이냐 이것이?

무엇이 그의 자동차인지 모른다면, '어떤 것이 그의 자동차냐?'라고 물어야 한다.

• **This** is his car.
  ⋯ (Which) is his car. (어떤 것인지 모르는 this를 which로 바꾸고)
  ⋯ **Which** is his car? (가장 궁금한 which가 맨 앞에 있으므로 어순이 바뀌지 않는다.)
  ＊ 주어가 무엇인지 묻고 싶으면, 주어는 문장 맨 앞에 이미 와 있으므로, 주어만 의문사로 바꾸면 된다.

293

2 일반동사가 있는 문장의 의문문

만드는 순서를 이해해 놓으면 아주 쉽다.

		He	likes	her .	그가 **좋아한다** 그녀를 .
	Does	he	like	her?	그가 **좋아하냐** 그녀를?
Whom	Does	he	like	?	**누구를** 그가 좋아하냐?

	He	likes	her .	그가 **좋아한다** 그녀를 .
	Who	likes	her?	**누가** 좋아하냐 그녀를?

* 주어가 누군지 몰라서 물을 때는 맨 앞에 있는 주어만 의문사로 바꾸면 된다.

POINT!

의문문의 가장 중요한 포인트는

'**묻고 싶은 중요한 것을 맨 앞으로 보낸다**'는 것이다.

목적어가 뭔지, 누군지, 어딘지, 언제인지 모를 때는 일부러 앞으로 보내야 하지만, **묻고 싶은 대상이 주어일 때는 주어가 이미 맨 앞에 있으므로, 주어를 의문사로 바꾸어 주기만 하면 된다.**

Is this a car?

이것은 자동차**이냐**?

Chapter 6

의문문 독해연습

1   **Is** he a computer programmer?

2   **What is** the best work for the man?

3   **Where were** you last night?

4   **How have** you **been**?

5   **How long have** you **been** studying English?

6   **Are** you **going to** visit your grandmother's next week?

7   **Where are** you **going to** travel next month?

8   **When did** you plant the beautiful trees?

9   **Who has finished** this work?

10 **Whom are** you going to meet this Sunday?

의문문 영작연습

1 **입니까?** 그가 컴퓨터 프로그래머
   _____ he a computer programmer?

2 **무엇이니?** 최고의 일이 / 그 남자에게는 (그 남자에게 최고의 일이 무엇이니?)
   _____ the best work for the man?

3 **어디 있었니?** 너는 지난밤에
   _____ you last night?

4 **어떻게 지내온 상태니** 너는?
   _____ you been?

5 **얼마나 오래** / 너는 **공부해 오는 중이니** 영어를?
   _____ have you been studying English?

6 **방문할 예정이니** 너는 / 너의 할머니 댁을 다음주에?
   _____ you _____ visit your grandmother's next week?

7 **어디를 여행할 예정이니** 너는 다음달에?
   _____ you going to travel next month?

8 **언제 심었니** 너는 그 아름다운 나무들을?
   _____ you plant the beautiful trees?

9 **누가 끝낸 상태니** 이 일을?
   _____ this work?

10 **누구를 만날 예정이니** 너는 이번 주 일요일에?
   _____ you going to meet this Sunday?

have에 대한 막연한 두려움을 날려 버려라

have의 해석은 가지다, 먹다, 시키다, ~상태이다

영어에서 가장 많이 나오지만, 한국인에게 가장 어렵게 느껴지는 동사라면 have를 꼽을 수 있을 것이다. 막연한 두려움으로 해석을 대충하다가 막상 사용하려고 하니 잘 쓸 수 없는 동사가 have이기도 하다. 아래 예문들을 비교해 가면서 읽어보기만 해도 그동안 혼동되었던 have의 정체를 명확히 알 수 있을 것이다.

have의 뜻은 다음 4가지로 크게 나눌 수 있다.

➡ 뭔가를 **가지고 있다**

➡ 음식을 **먹는다**

➡ 누군가에게 무엇을 **시킨다**

➡ 완료시제를 만들어 주는 조동사 have (**~상태이다**)

have를 이해하려면, V6 동사변화표를 이용해서 꼭! 각각의 형태와 의미를 기억하자.

동사형태 [~다]	과 거	현 재	미 래
	had	have (동사원형) has	will have
	가지고 있었다 먹었다 시켰다	가지고 있다 먹는다 시킨다	가지고 있을 것이다 먹을 것이다 시킬 것이다

형용사형태 [~ㄴ] 미래는 [~ㄹ]	과거분사	현재분사	to 부정사 (형용사 용법일 때)
	had	having	to have
	가진 먹은 시킨	가지는 중인 먹는 중인 시키는 중인	가질 먹을 시킬

▶ 가지다

- I **have** a car.

  나는 자동차를 가지고 있다.

▶ 즐기다 (즐거움을 갖다)

- We **have** fun in the park.

  우리는 공원에서 즐거움을 가진다.

- We **have** **had** fun in the park.

  우리는 공원에서 즐거움을 가진 상태이다.

- We **had** **had** fun in the park.

  우리는 공원에서 즐거움을 가진 상태였다.

▶ 먹다

- He **has** lunch at 12.

  그는 12시에 점심을 **먹는다**.

- I **have had** lunch.

  나는 점심을 **먹은 상태이다**.

- We **had had** dinner when she brought the cake.

  우리는 저녁을 **먹은 상태였다**. 그녀가 케익을 가져왔을 때.

▶ 시키다

- I **had** him bring the ladder.

  나는 그에게 사다리를 가져오라고 **시켰다**.

- She **had had** him bring the ladder.

  그녀는 그에게 사다리를 가져오라고 **시킨 상태였다**.

일반동사 have와 완료시제를 만들어주기 위한 have가 함께 쓰일 경우 혼동하는 경우가 많다. have가 두 개 겹칠 경우는 완료시제이므로, 앞의 have는 변하지만, 뒤에 있는 have는 무조건 과거분사인 had이며, 뜻은 [가진, 먹은, 시킨]의 뜻으로 쓰여서 [가진 상태이다, 먹은 상태이다, 시킨 상태이다]로 해석된다.

이것을 아는 것만으로도 have had, had had, will have had가 쓰이는 경우를 모두 해결한 것이다.

Chapter 7
부록

1 능동태 시제 전체 해석

- He **builds** the house.   그는 **짓는다** 그 집을.
- He **built** the house.   그는 **지었다** 그 집을.
- He **will build** the house.   그는 **지을 것이다** 그 집을.

- He **is building** the house.   그는 **짓는 중이다** 그 집을.
- He **was building** the house.   그는 **짓는 중이었다** 그 집을.
- He **will be building** the house.   그는 **짓는 중일 것이다** 그 집을.

- He **has built** the house.   그는 **지은 상태이다** 그 집을.
- He **had built** the house.   그는 **지은 상태였다** 그 집을.
- He **will have built** the house.   그는 **지은 상태일 것이다** 그 집을.

- He **has been building** the house.   그는 **지어오는 중이다** 그 집을.
- He **had been building** the house.   그는 **지어오는 중이었다** 그 집을.
- He **will have been building** the house.   그는 **지어오는 중일 것이다** 그 집을.

2　수동태 시제 전체 해석

- The house **is built** by him.　　　　　그 집은 **지어진다** 그에 의해서.
- The house **was built** by him.　　　　그 집은 **지어졌다** 그에 의해서.
- The house **will be built** by him.　　그 집은 **지어질 것이다** 그에 의해서.

- The house **is being built** by him.　　　그 집은 **지어지는 중이다** 그에 의해서.
- The house **was being built** by him.　그 집은 **지어지는 중이었다** 그에 의해서.
- The house **will be being built**.　　　　그 집은 **지어지는 중일 것이다**.

- The house **has been built** by him.　　그 집은 **지어진 상태이다** 그에 의해서.
- The house **had been built** by him.　　그 집은 **지어진 상태였다** 그에 의해서.
- The house **will have been built**.　　　그 집은 **지어진 상태일 것이다**.

- The house **has been being built** by him.　그 집은 **지어져 오는 중이다**.
- The house **had been being built**.　　　　　그 집은 **지어져 오는 중이었다**.
- The house **will have been being built**.　　그 집은 **지어져 오는 중일 것이다**.

3 불규칙 동사의 변화표 〈V6 동사변화표〉

동사형태 [~다]	과 거	현 재	미 래
	fell	**fall** (동사원형) falls	**will fall**
	떨어졌다	떨어진다	떨어질 것이다

형용사형태 [~ㄴ] 미래는 [~ㄹ]	과거분사	현재분사	to 부정사 (형용사 용법일 때)
	fallen	**fall**ing	**to fall**
	떨어진	떨어지는 떨어지는 중인	떨어질

* 불규칙 동사는 동사의 6가지 변화 형태 중에서 위 표에서 강조된 세 부분을 외우는 것이다. 다른 부분은 모든 동사가 규칙적으로 변하기 때문에 외울 필요는 없지만, 반드시 알고 있어야 한다.

* 다음 불규칙 동사표는 각각 변화형에 따른 우리말 해석도 함께 외우기 바란다. 어떤 동사의 과거형, 과거분사형이라고 외우는 것보다는 과거형, 과거분사 자체의 뜻을 외우는 것이 영작이나 독해에 훨씬 유용하다.

* 정확한 이해를 위해서 뜻풀이에 다소 어색한 표현을 사용하였다.

* 다음의 불규칙 형태를 굳이 외우지 않더라도, 뜻을 생각하면서 소리 내어 읽기만 해도 나중에 저절로 떠오를 것이다. 익숙하다는 느낌이 들 때까지 여러 번 읽어보자.

원형 (~다)		과거 (~ㅆ다)		과거분사 (~한,~된)	
beat	치다	beat	쳤다	beaten	친/쳐 진(맞은)
become	되다	became	되었다	become	된
begin	시작하다	began	시작했다	begun	시작한/시작된
bet	내기하다, 돈 걸다	bet	걸었다	bet	건/걸린
bite	물다	bit	물었다	bitten	문/물린
blow	바람 불다	blew	불었다	blown	분/불어진
break	깨다	broke	깼다	broken	깬/깨진
bring	가져오다	brought	가져왔다	brought	가져온
build	짓다	built	지었다	built	지은/지어진
buy	사다, 구매하다	bought	샀다, 구매했다	bought	산/구매된
catch	잡다	caught	잡았다	caught	잡은/잡힌
choose	선택하다	chose	선택했다	chosen	선택한/선택된
come	오다	came	왔다	come	온
cost	비용이 들다	cost	비용 들었다	cost	비용이 든
cut	자르다	cut	잘랐다	cut	자른/잘린
dig	파다	dug	팠다	dug	판/파인
do	하다	did	했다	done	한/된
draw	그리다	drew	그렸다	drawn	그린/그려진
drink	마시다	drank	마셨다	drunk	마신/마셔진

원형 (~다)		과거 (~ㅆ다)		과거분사 (~한,~된)	
drive	운전하다	drove	운전했다	driven	운전한/운전된
eat	먹다	ate	먹었다	eaten	먹은/먹힌
fall	떨어지다	fell	떨어졌다	fallen	떨어진
feed	먹이다	fed	먹였다	fed	먹인
feel	느끼다	felt	느꼈다	felt	느낀/느껴진
fight	싸우다	fought	싸웠다	fought	싸운
find	찾다	found	찾았다	found	찾은/찾아진
fly	날다	flew	날았다	flown	난/날려진
forget	잊다	forgot	잊었다	forgotten	잊은/잊혀진
forgive	용서하다	forgave	용서했다	forgiven	용서한/용서된
freeze	얼다	froze	얼었다	frozen	언/얼려진
get	얻다	got	얻었다	gotten	얻은/얻어진
give	주다	gave	주었다	given	준/주어진
go	가다	went	갔다	gone	간, 가버린
grow	자라다	grew	자랐다	grown	자란
have	가지다	had	가졌다	had	가진
hear	듣다	heard	들었다	heard	들은/들린
hide	숨다	hid	숨었다	hidden	숨은/숨겨진
hit	치다	hit	쳤다	hit	친/쳐 진(맞은)

원형 (~다)		과거 (~ㅆ다)		과거분사 (~한,~된)	
hold	잡다	held	잡았다	held	잡은/잡힌
hurt	다치게하다	hurt	다치게했다	hurt	다치게 한/다친
keep	유지하다	kept	유지했다	kept	유지한/유지된
know	알다	knew	알았다	known	안/알려진
lead	이끌다	led	이끌었다	led	이끈/이끌어진
leave	떠나다	left	떠났다	left	떠난
leave	남기다	left	남겼다	left	남긴/남겨진
lend	빌리다	lent	빌렸다	lent	빌린
let	(~하게) 두다	let	두었다	let	둔/두어진
lose	잃다	lost	잃었다	lost	잃은
make	만들다	made	만들었다	made	만든/만들어진
mean	의미하다	meant	의미했다	meant	의미한
meet	만나다	met	만났다	met	만난
pay	지불하다	paid	지불했다	paid	지불한/지불된
prove	증명하다	proved	증명했다	proven	증명한/증명된
put	놓다	put	놓았다	put	놓은/놓인
quit	그만두다	quit	그만뒀다	quit	그만둔/그만둬진
read	읽다	read	읽었다	read	잃은/읽힌
ride	(탈것을)타다	rode	탔다	ridden	탄

원형 (~다)		과거 (~ㅆ다)		과거분사 (~한,~된)	
ring	(벨이)울리다	rang	울렸다	rung	울린
rise	오르다	rose	올랐다	risen	오른/올려진
run	달리다	ran	달렸다	run	달린
say	말하다	said	말했다	said	말한/말되어진
see	보다,보이다	saw	봤다,보였다	seen	본/보여진
sell	팔다	sold	팔았다	sold	판/팔린
send	보내다	sent	보냈다	sent	보낸/보내진
shoot	쏘다	shot	쐈다	shot	쏜/쏘아진
show	보여주다	showed	보여줬다	shown	보여준/보여진
shut	닫다	shut	닫았다	shut	닫은/닫힌
sing	노래부르다	sang	노래불렀다	sung	노래부른/노래불러진
sink	가라앉다	sank	가라앉았다	sunk	가라앉은/가라앉혀진
sit	앉다	sat	앉았다	sat	앉은/앉혀진
sleep	자다	slept	잤다	slept	잔
speak	말하다	spoke	말했다	spoken	말한/말되어진
spend	(돈,시간을)쓰다	spent	썼다	spent	쓴/쓰인
stand	서다	stood	섰다	stood	선/세워진
steal	훔치다	stole	훔쳤다	stolen	훔친/훔쳐진
swim	수영하다	swam	수영했다	swum	수영한

원형 (~다)		과거 (~ㅆ다)		과거분사 (~한,~된)	
take	잡다	took	잡았다	taken	잡은/잡힌
teach	가르치다	taught	가르쳤다	taught	가르친/가르쳐진
tear	찢다	tore	찢었다	torn	찢은/찢긴
tell	말하다	told	말했다	told	말한/말되어진
think	생각하다	thought	생각했다	thought	생각한/생각된
throw	던지다	threw	던졌다	thrown	던진/던져진
understand	이해하다	understood	이해했다	understood	이해한/이해된
wear	입다	wore	입었다	worn	입은/입혀진
win	이기다	won	이겼다	won	이긴
write	(글을)쓰다	wrote	썼다	written	쓴/쓰여진

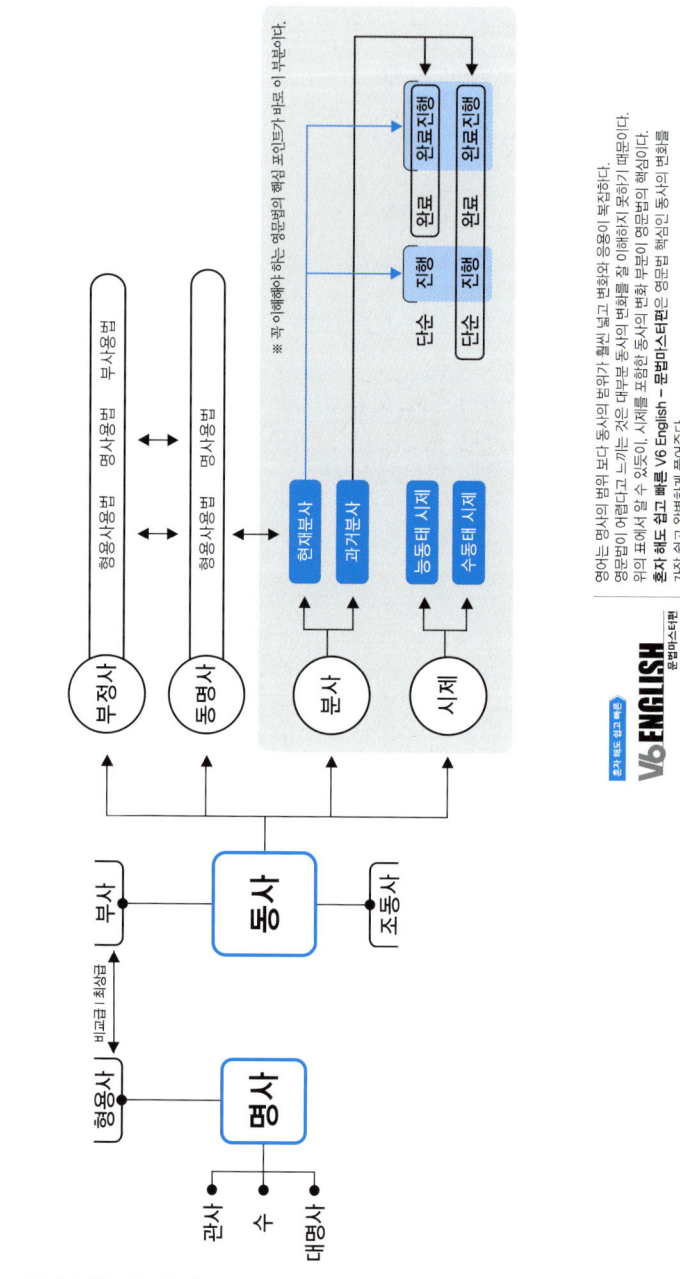

V6 동사변화표

be : 이다

V6 동사변화표

동사형
- 미래: will be / ~일 것이다
- 현재: am/is/are / ~이다
- 과거: was/were / ~이었다

형용사형
- to부정사: to be / ~일
- 현재분사: being / ~인
- 과거분사: been / ~이었던

be : 있다

V6 동사변화표

동사형
- 미래: will be / ~있을 것이다
- 현재: am/is/are / ~있다
- 과거: was/were / ~있었다

형용사형
- to부정사: to be / ~을
- 현재분사: being / ~있는
- 과거분사: been / ~있었던

do : 하다

V6 동사변화표

동사형
- 미래: will do / ~할 것이다
- 현재: do/does / ~한다
- 과거: did / ~했다

형용사형
- to부정사: to do / ~할
- 현재분사: doing / ~하는 중인
- 과거분사: done / ~한/된

make : 만들다

V6 동사변화표

동사형
- 미래: will make / ~만들 것이다
- 현재: make/makes / ~만든다
- 과거: made / ~만들었다

형용사형
- to부정사: to make / ~만들
- 현재분사: making / ~만드는 중인
- 과거분사: made / ~만든/만들어진

혼자 해도 쉽고 빠른

V6 ENGLISH
문법마스터편

FOX BOOKS